Eliana Almeida e Aninha Abreu

Vamos Trabalhar

Caderno de Atividades

- Linguagem
- Matemática
- Natureza
- Sociedade

2 Educação Infantil

_____
NOME

_____
PROFESSOR

_____
ESCOLA

Dados Internacionais de Catalogação na Publicação (CIP)
(Câmara Brasileira do Livro, SP, Brasil)

Almeida, Eliana
Vamos trabalhar: caderno de atividades: educação infantil 2 / Eliana Almeida e Aninha Abreu. – São Paulo: Editora do Brasil, 2019. – (Coleção vamos trabalhar)

ISBN 978-85-10-07887-0 (aluno)
ISBN 978-85-10-07888-7 (professor)

1. Educação infantil I. Abreu, Aninha. II. Título. III. Série.

19-30459   CDD-372.21

Índices para catálogo sistemático:
1. Educação infantil 372.21
Maria Alice Ferreira - Bibliotecária - CRB-8/7964

© Editora do Brasil S.A., 2019
Todos os direitos reservados

Direção-geral: Vicente Tortamano Avanso

Direção editorial: Felipe Ramos Poletti
Gerência editorial: Erika Caldin
Supervisão de arte e editoração: Cida Alves
Supervisão de revisão: Dora Helena Feres
Supervisão de iconografia: Léo Burgos
Supervisão de digital: Ethel Shuña Queiroz
Supervisão de controle de processos editoriais: Roseli Said
Supervisão de direitos autorais: Marilisa Bertolone Mendes

Supervisão editorial: Carla Felix Lopes
Edição: Monika Kratzer e Jamila Nascimento
Assistência editorial: Ana Okada e Beatriz Pineiro Villanueva
Auxílio editorial: Marcos Vasconcelos
Copidesque: Gisélia Costa, Ricardo Liberal e Sylmara Beletti
Revisão: Andréia Andrade, Elis Beletti e Marina Moura
Pesquisa iconográfica: Lucas Alves
Assistência de arte: Josiane Batista
Design gráfico: Talita Lima
Capa: Talita Lima
Edição de arte: Soraia Scarpa
Imagem de capa: Rodrigo Alves
Ilustrações: André Valle, Alessandro Passos da Costa, Bruna Ishihara, Danillo Souza, Eduardo Belmiro, Jorge Saiba, Ilustra Cartoon, Marco Cortez e Marcos Machado
Coordenação de editoração eletrônica: Abdonildo José de Lima Santos
Editoração eletrônica: Talita Lima e Wlamir Miasiro
Licenciamentos de textos: Cinthya Utiyama, Jennifer Xavier, Paula Harue Tozaki e Renata Garbellini
Controle de processos editoriais: Bruna Alves, Carlos Nunes e Stephanie Paparella

2ª edição / 10ª impressão, 2025
Impresso na HRosa Gráfica e Editora

Avenida das Nações Unidas, 12901
Torre Oeste, 20º andar
São Paulo, SP – CEP: 04578-910
Fone: +55 11 3226-0211
www.editoradobrasil.com.br

Apresentação

Querida criança,

Você acaba de receber um lindo presente!

Com seu exemplar da coleção **Vamos Trabalhar – Caderno de Atividades**, você se divertirá e aprenderá muito!

Este livro está repleto de exercícios e brincadeiras nos quais você vivenciará experiências, leituras, histórias, músicas, cantigas, parlendas, adivinhas, situações-problema e muito mais. Essas atividades foram elaboradas com muito carinho e alegria, pensando em seu desenvolvimento integral, além de respeito a seu direito de viver a infância.

Vamos embarcar juntos nesta divertida aventura que é aprender?

Você, criança, é cidadã e produtora de cultura. Então, abra seu Caderno de Atividades e comece agora mesmo a construir sua história: escreva, leia, cante, recite, desenhe, pinte, recorte, cole, crie, reflita.

Um abraço carinhoso!

As autoras

As autoras

Eliana Almeida

- Licenciada em Artes Práticas
- Psicopedagoga clínica e institucional
- Especialista em Fonoaudiologia (área de concentração em Linguagem)
- Pós-graduada em Metodologia do Ensino da Língua Portuguesa e Literatura Brasileira
- Psicanalista clínica e terapeuta holística
- *Master practitioner* em Programação Neurolinguística
- Aplicadora do Programa de Enriquecimento Instrumental do professor Reuven Feuerstein
- Educadora e consultora pedagógica na rede particular de ensino
- Autora de vários livros didáticos

Aninha Abreu

- Licenciada em Pedagogia
- Psicopedagoga clínica e institucional
- Especialista em Educação Infantil e Educação Especial
- Gestora de instituições educacionais do Ensino Fundamental e do Ensino Médio
- Educadora e consultora pedagógica na rede particular de ensino
- Autora de vários livros didáticos

> "O essencial é invisível aos olhos."
> Antoine de Saint-Exupéry

Sumário

Linguagem

Alfabeto 7
Avião 15
Elefante 21
Índio 25
Ovos 29
Urso 33
   Revisando as vogais 37
   Junção das vogais 43
Papai 47
Mamãe 51
Vovó 55
Dado 59
Navio 63
Rato 67
Sapo 71
Tambor 75
Bola 79
   Revisando o que foi estudado 83
Lápis 85
Caju 89
Gato 97
Janela 105
Folha 113
Zebra 117
Xícara 121
Helicóptero 125
Queijo 129
K, W, Y 135
   Revisando o que foi estudado 137

Matemática

Cores primárias ... 139, 145, 149

Grandezas
   Grosso/fino 140
   Grande/pequeno 145
   Mais alto/ mais baixo 146
   Mais comprido/ mais curto 148

Posição
   Primeiro/último 141
   Dentro/fora 142
   Direita/esquerda 143
   Perto/longe 144

Correspondência pela forma
   Sombra 147

Capacidade
   Leve/pesado 150
Quebra-cabeça 151

Geometria
   Sólidos geométricos 153
   Figuras geométricas planas 154

Numerais de 0 a 20 .... 155 a 196
Conjunto vazio 157, 158
Conjunto unitário 156, 158
Dezena 176
Dúzia 180
Meia dúzia 182

Natureza

- Nosso planeta 197
- Seres vivos 198
- Os astros 199
- Os animais 201
  - Cobertura do corpo dos animais 202
  - Animais com boca e animais com bico 203
  - Locomoção dos animais 204
  - Animais domesticados 205
  - Animais silvestres 206
  - Alimentos de origem animal 207
- As plantas 209
  - Partes da planta 211
  - Pomar 212
  - Jardim 213
  - Horta 214
  - Plantas que fornecem matéria-prima 215
- Nosso corpo 217
  - Os sentidos 219
  - Bons hábitos de saúde e higiene 221
- Cuidando do meio ambiente 222
- A água 223

Sociedade

- Quem é você? 225
  - Pessoas de quem você gosta 226
- Você e sua família 227
- Moradia 231
  - Planta de uma moradia 232
  - Cômodos e objetos 233
- A rua em que você mora 234
  - Como é o bairro em que você mora? 235
- Sua escola 236
- Algumas profissões 237
- Meios de comunicação 239
- Meios de transporte 240

NOME: _____ DATA: _____

Com qual letra começa?

Não importa o seu nome,
Maria, Maiara, Melissa,
Júlia, Júlio e João, Luísa, Luís ou Roberta.
Diga logo, sem pensar:
Com qual letra ele começa?

Darci Maria Brignani. ... **de A a Z, de 1 a 10**... São Paulo:
Companhia Editora Nacional, 2005. p. 4.

1. Ouça o poema e responda abaixo à pergunta que ele faz. Depois, pinte a ilustração.

_____

2 ▸ Este é nosso alfabeto. Pinte as letras de seu nome.

3 ▸ Escreva seu nome na linha.

NOME: _____ DATA: _____

1 Recorte as letras das páginas 9 e 11 e guarde-as no envelope da página 13. Com elas você pode formar muitas palavras! Experimente escrever nomes de colegas ou de pessoas de sua família.

A	B	C	D
E	F	G	H
I	J	K	L
M	N	O	P
Q	R	S	T
U	V	W	X

9

NOME: _____ DATA: _____

Y	Z		
A	A	A	A
E	E	E	E
I	I	I	I
O	O	O	O
U	U	U	U
B	C	D	F
P	R	S	V

NOME: _____ DATA: _____

 **Atividade**

1) Recorte o envelope e monte-o. Depois, use-o para guardar o alfabeto móvel recortado das páginas 9 e 11.

NOME: _____ DATA: _____

avião

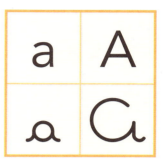

a	A
a	a

1) Leve a letra **A** até as palavras e pinte as figuras.

A •------------------------• ABACAXI

a •------------------------• Alan

a •------------------------• árvore

a •------------------------• arara

15

2 Ligue os objetos iguais.

NOME: _____ DATA: _____

1 ▸ Faça um **X** na imagem que está em posição diferente.

2 ▸ Cubra o tracejado e continue fazendo a letra a – a.

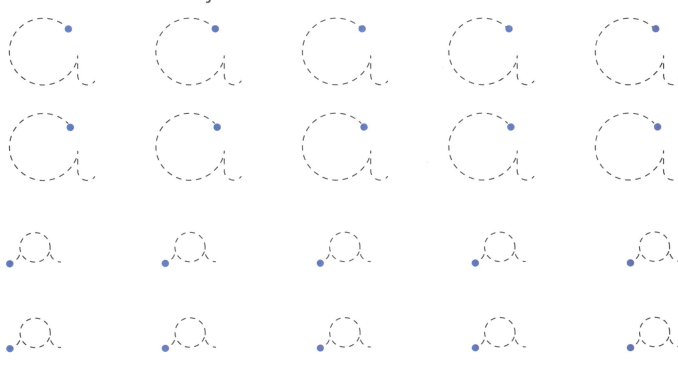

3 ▸ Complete as palavras com a letra *a* e ligue-as às imagens correspondentes.

___s

___njo

___belh___

___vi~o

___pito

___nel

NOME: _____ DATA: _____

1▸ Pinte o avião e leve-o ao Sol, com lápis grafite, pelo caminho.

2 Cubra o tracejado e continue fazendo a letra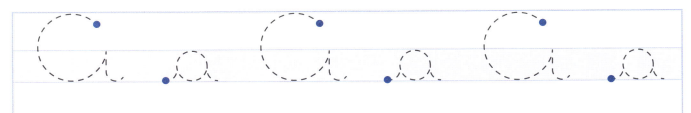

3 Pesquise, em jornais e revistas, palavras com **A** – **a**. Recorte-as e cole-as aqui.

NOME: _____ DATA: _____

e	E
e	Ɛ

1 ▸ Leve a letra **E** até as palavras e pinte as figuras.

E — ESTRELA

Ɛ — Eva

e — escova

e — escada

21

2 Cubra o tracejado e continue fazendo a letra E – e.

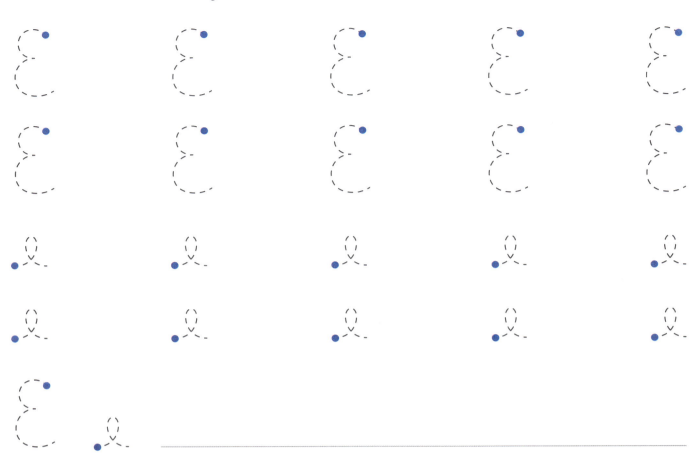

3 Complete as palavras com a letra e e ligue-as às imagens correspondentes.

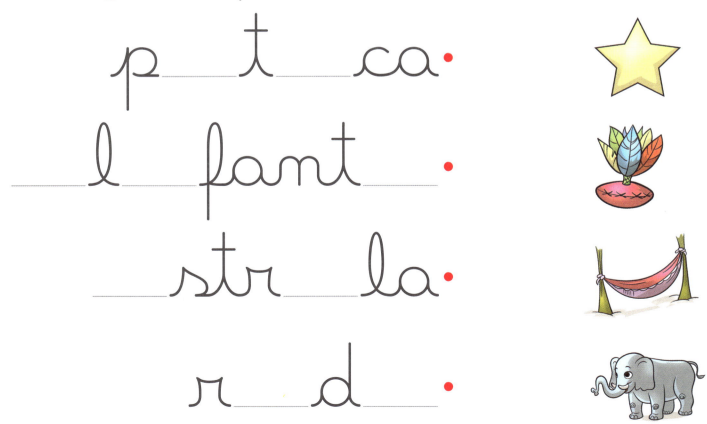

NOME: _____ DATA: _____

1 Circule os rótulos que têm a vogal **E – e**.

2 Complete o nome das crianças com a letra $\mathcal{E} - e$.

____mília   ____va   ____lian____

3 ▸ Cubra o tracejado e continue fazendo a letra E – e.

4 ▸ Pesquise, em jornais e revistas, palavras com **E – e**. Recorte-as e cole-as aqui.

NOME: _____ DATA: _____

índio

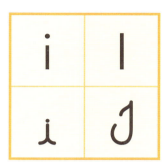

1) Leve a letra **I** até as palavras e pinte as figuras.

IGREJA

Igor

ioiô

ilha

Vamos cantar

Borboletinha

Borboletinha
está na cozinha
fazendo chocolate
para a madrinha.
Poti, poti,
perna de pau,
olho de vidro
e nariz de pica-pau.

Cantiga.

2 ▸ Circule na cantiga as palavras com a letra **i**.

3 ▸ Cubra o tracejado e continue fazendo a letra $J - i$.

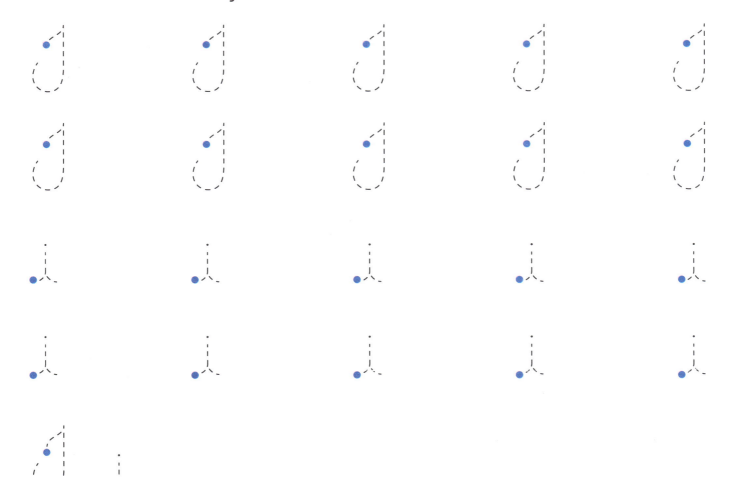

NOME: _____ DATA: _____

1. Escreva a letra inicial do nome de cada figura.

☐   ☐   ☐

2. Complete as palavras com as letras que estão faltando.

A	V	I	Ã	O
	V		~	O

E	S	C	O	V	A
	S		C	O	V	

A	B	A	C	A	X	I
	B			C		X	

3 Cubra o tracejado e continue fazendo a letra J – i.

4 Pesquise, em jornais e revistas, palavras com I – i. Recorte-as e cole-as aqui.

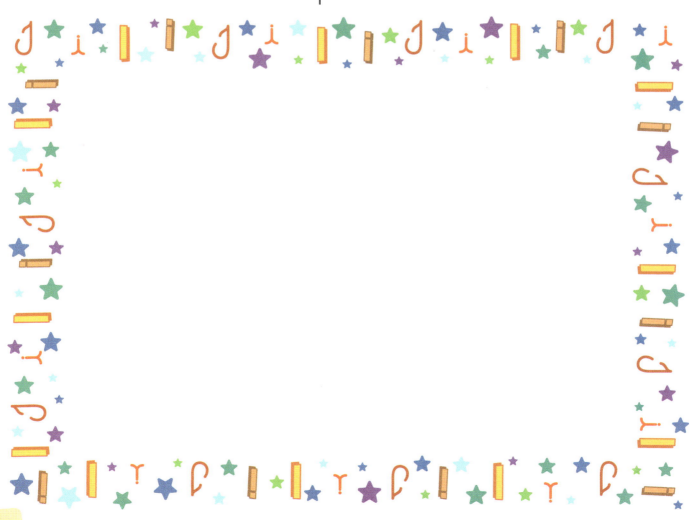

NOME: _____ DATA: _____

Atividades

ovos

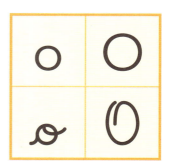

1 Leve a letra **O** até as palavras e pinte as figuras.

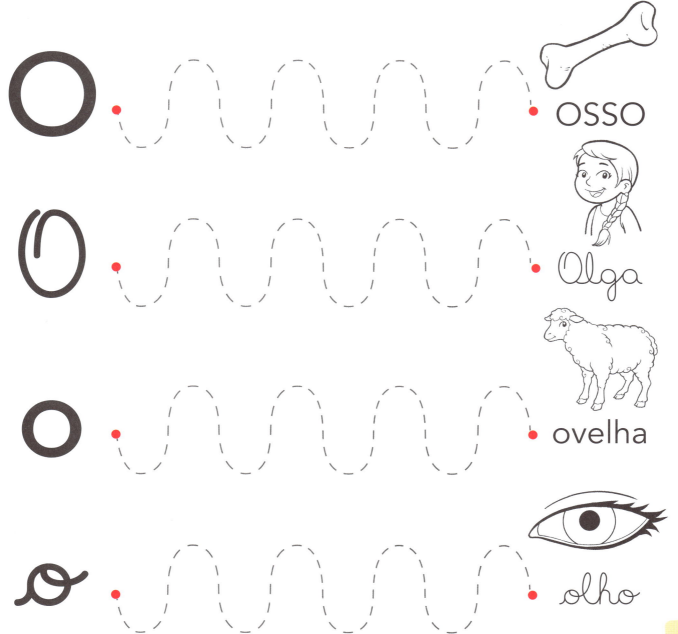

OSSO

Olga

ovelha

olho

29

2 ▸ Ligue cada figura a sua vogal inicial.

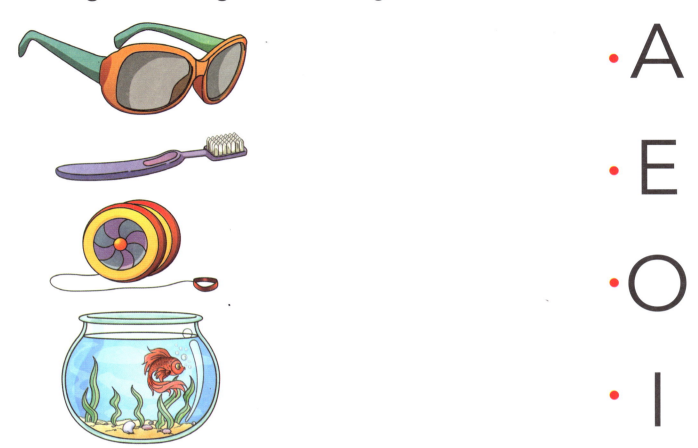

3 ▸ Cubra o tracejado e continue fazendo a letra O – o.

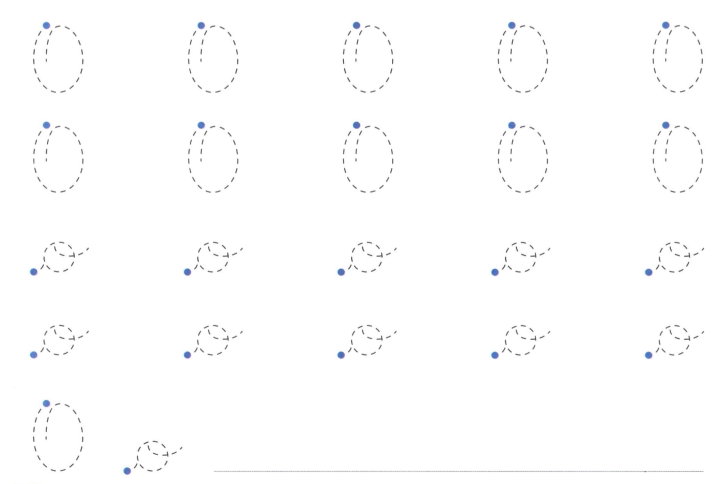

NOME: _____ DATA: _____

1) Encontre **5** diferenças entre as imagens e marque-as com **X**.

2 ▸ Cubra o tracejado e continue fazendo a letra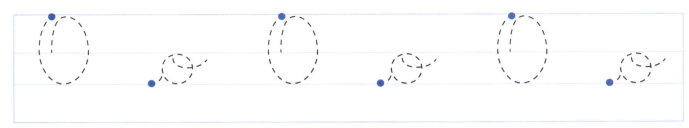

3 ▸ Pesquise, em jornais e revistas, palavras com **O** – **o**. Recorte-as e cole-as aqui.

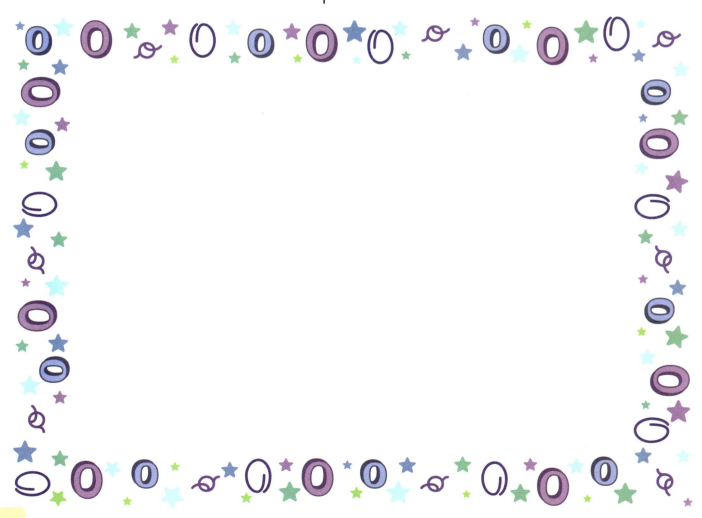

NOME: _____ DATA: _____

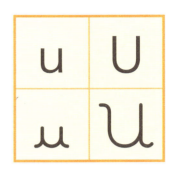

1) Leve a letra **U** até as palavras e pinte as figuras.

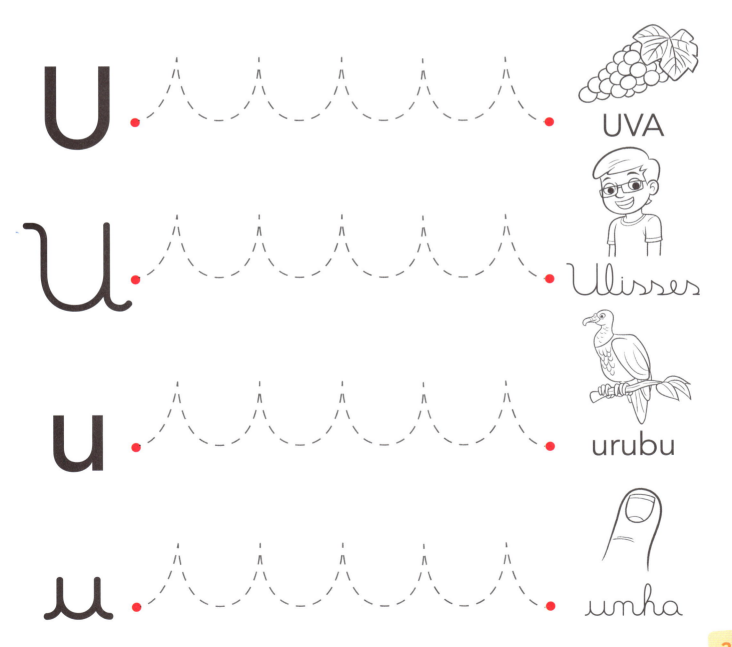

U
UVA

U
Ulisses

u
urubu

u
unha

33

2 ▸ Cubra o tracejado e continue fazendo a letra U – u.

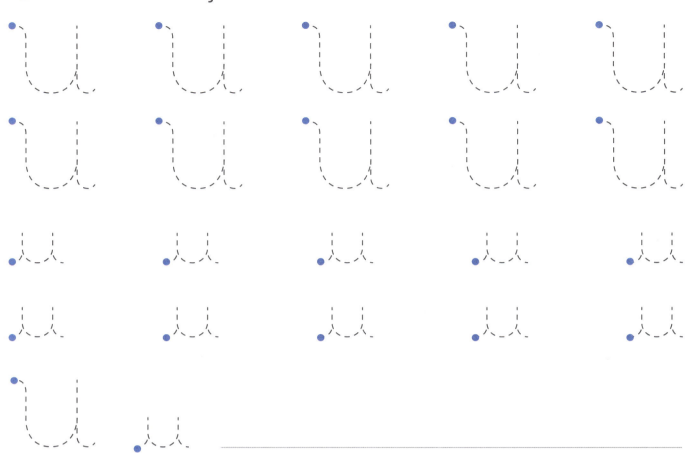

3 ▸ Escreva a letra inicial do nome de cada figura.

NOME: _____ DATA: _____

Teresinha de Jesus

Teresinha de Jesus
De uma queda foi ao chão
Acudiram três cavalheiros
Todos três, chapéu na mão.

O primeiro foi seu pai
O segundo, seu irmão
O terceiro foi aquele
Que a Teresa deu a mão.

Cantiga.

1 ▸ Circule na cantiga as palavras com a letra **u**.

2 ▸ Pinte a figura e ligue-a ao nome dela.

• ovo

• amor

• urso

3 Cubra o tracejado e continue fazendo a letra U – u.

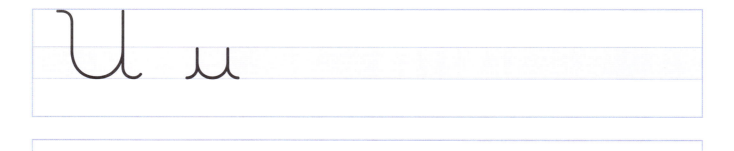

4 Pesquise, em jornais e revistas, palavras com **U – u**. Recorte-as e cole-as aqui.

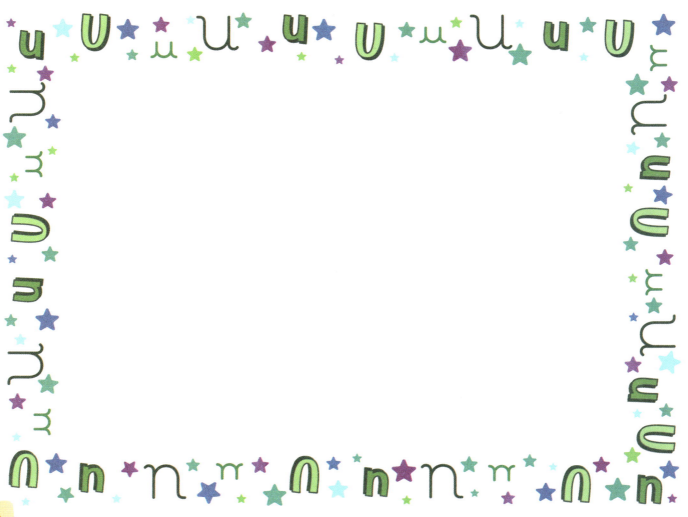

NOME: _____ DATA: _____

Revisando as vogais

1. Cubra o tracejado.

A E I O U

37

2 ▸ Ligue as vogais minúsculas.

3 ▸ Ligue as vogais maiúsculas.

NOME: _____ DATA: _____

4 ▸ Em cada quadro, observe as palavras e circule as que são iguais.

anjo   avião   anjo   apito

ema   escada   ela   ema

ímã   ilha   ímã   índio

olho   ovo   onça   olho

uva   urso   uva   unha

5 ▸ Copie as vogais.

a   e   i   o   u

A   E   I   O   U

6 ▸ Ligue cada animal a sua sombra.

ABELHA

ELEFANTE

OVELHA

URSO

IGUANA

NOME: _____ DATA: _____

1 Observe os pontinhos e continue ligando-os.

41

2 ▸ Observe as cenas e numere-as na sequência correta.

NOME: _____ **DATA:** _____

Junção das vogais

1 ▸ Pinte as cenas e observe as palavras.

43

2 ▸ Cubra o tracejado e copie as palavras que você observou nas cenas da página anterior.

- ai _____
- ei _____
- aui _____
- oi _____

3 ▸ Circule as palavras iguais às do quadro em destaque.

ei	ui oi ei eu
au	ai ou au ia
uai	ao uai ui oi
ia	ioiô ai ia oi

44

NOME: _____ DATA: _____

 **Atividade**

1) Faça a dobradura de um peixe seguindo as instruções.

recortar – – – – –
dobrar ....

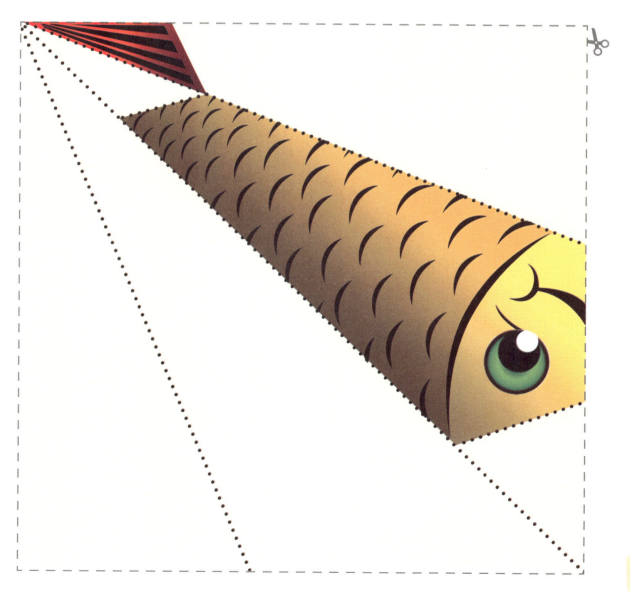

45

NOME: _____ DATA: _____

  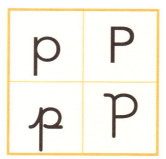

1 Leve a letra **P** até as palavras e pinte as figuras.

   PIPOCA

Paulo

   pião

   pia

47

2 ▸ Circule as figuras cujo nome começa com a letra **P**.

3 ▸ Cubra o tracejado e continue fazendo a letra P – p.

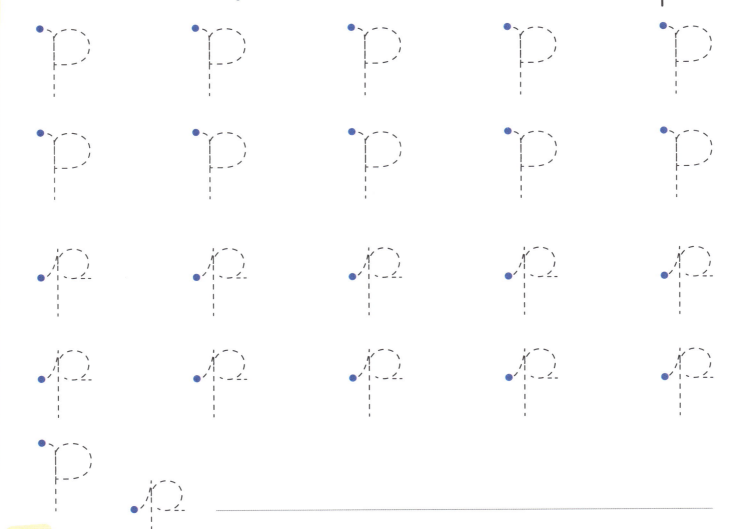

NOME: _____ DATA: _____

1) Complete as palavras com a letra **P** e ligue-as às imagens correspondentes.

___EIXE •

LÁ___IS •

___ANELA •

___I___OCA •

___I___A •

___ÃO •

2 ▸ Ligue as palavras iguais.

PAU •   • PAPAI

PIPA •   • PÃO

PAPAI •   • PAU

PÃO •   • PIPA

3 ▸ Junte a letra p – P às vogais e cubra o tracejado dessa família silábica.

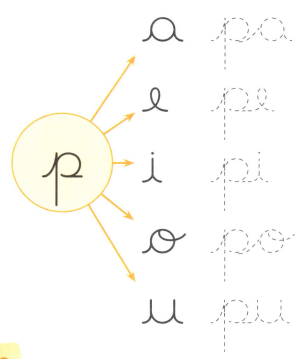
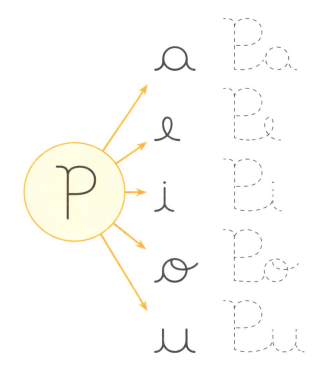

NOME: _____ DATA: _____

Atividades

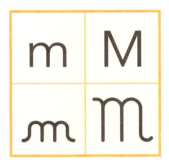

1) Leve a letra **M** até as palavras e pinte as figuras.

M .... MEIA

M .... Mônica

m .... mala

m .... mola

2 ▸ Cubra o tracejado e continue fazendo a letra M – m.

3 ▸ Complete as palavras com a letra **M – m**.

_iguel   _ala   li_ão

_açã   _a_ão   ca_elo

NOME: _____ DATA: _____

1) Em cada quadro, pinte as meninas iguais.

2) Junte a letra m – M às vogais e cubra o tracejado dessa família silábica.

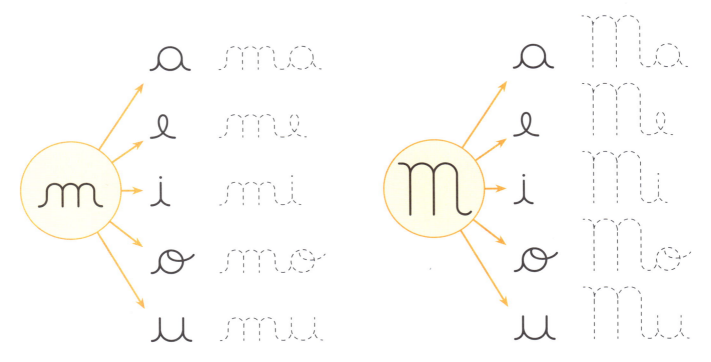

3) Pesquise, em jornais e revistas, palavras com **P – p** e **M – m**. Recorte-as e cole-as aqui.

NOME: _____ DATA: _____

1 ▶ Leve a letra **V** até as palavras e pinte as figuras.

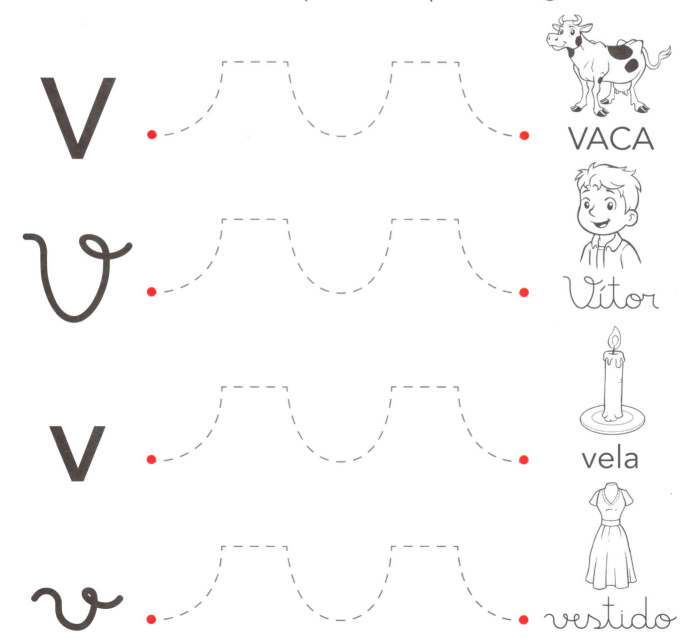

2 Cubra o tracejado e continue fazendo a letra V – v.

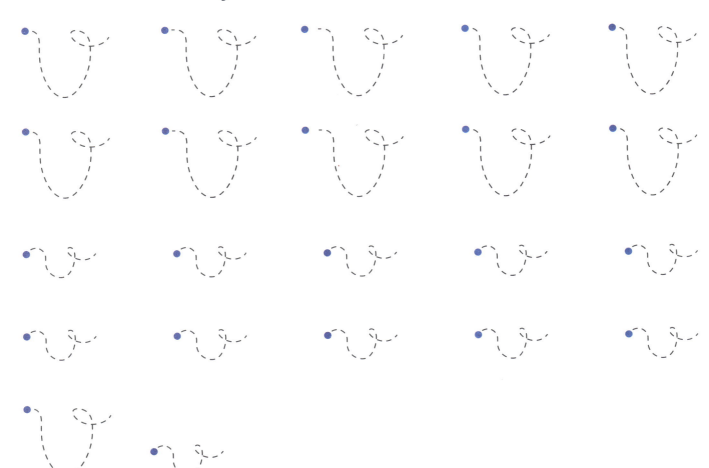

3 Complete as palavras com a letra **V – v**.

u___a   ___i___iane   o___o

ca___alo   ___aso   ___aca

NOME: _____ DATA: _____

1 Ligue cada fruta a sua sombra.

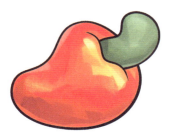 

2 › Circule a palavra diferente e pinte a figura.

mão mão

pão mão

mão mão

mão

3 › Junte a letra ᴗ – U às vogais e cubra o tracejado dessa família silábica.

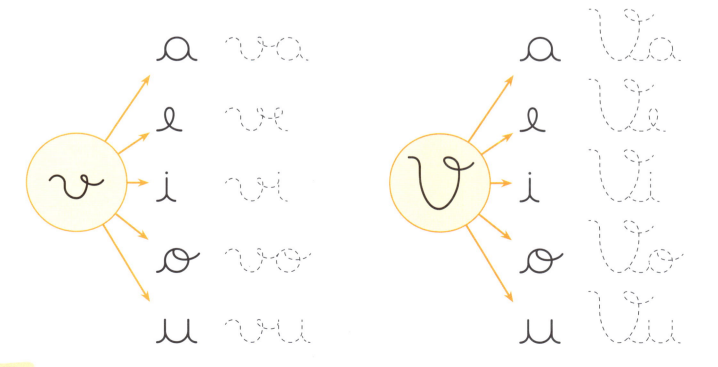

NOME: _____ DATA: _____

  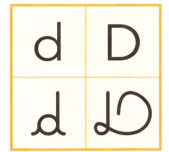

1 Leve a letra **D** até as palavras e pinte as figuras.

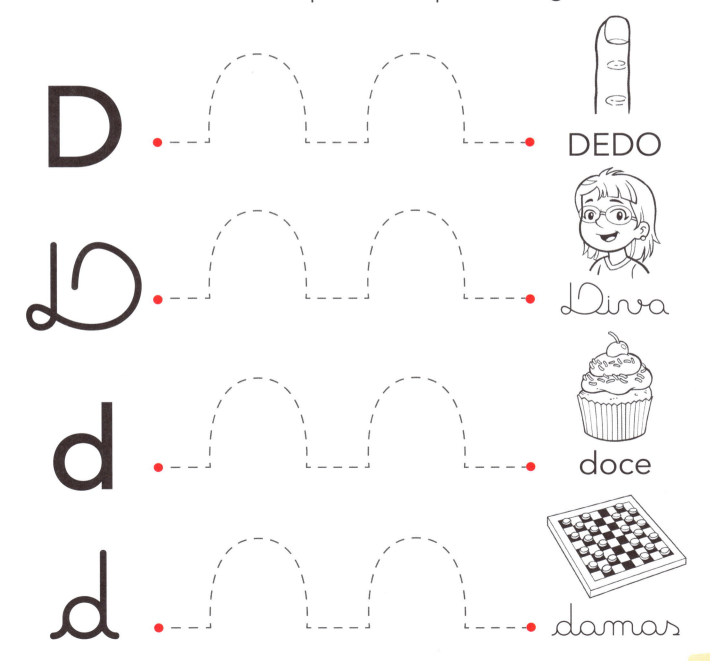

59

2 ▸ Cubra o tracejado e continue fazendo a letra D – d.

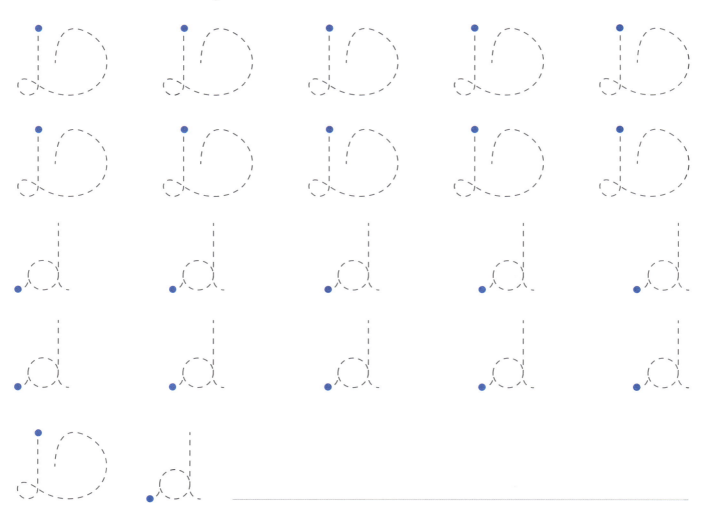

3 ▸ Complete as palavras com a letra **D – d**.

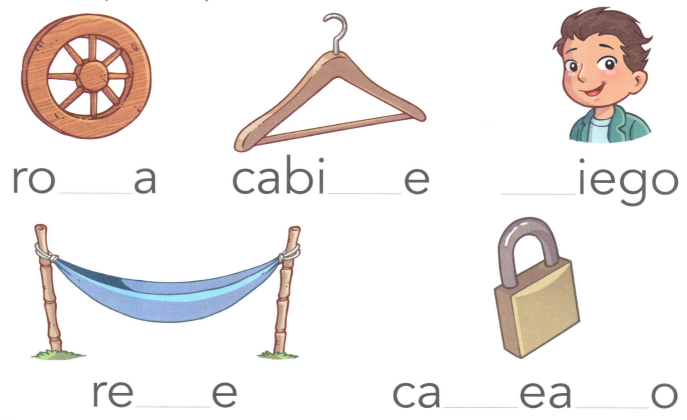

ro___a   cabi___e   ___iego

re___e   ca___ea___o

NOME: _____   DATA: _____

O doce perguntou pro doce:
– Qual é o doce que é mais doce?
O doce respondeu pro doce que o doce mais doce é o doce de batata-doce.

Parlenda.

1) Circule na parlenda as palavras com **d**.

2) Complete as palavras com as letras que faltam.

 MOEDA

 MO__DA

 __OED__

 M__E__A

 __OE__A

61

3 Junte a letra d – D às vogais e cubra o tracejado dessa família silábica.

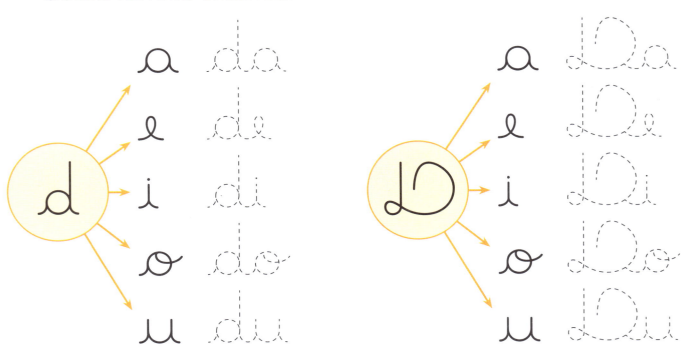

4 Pesquise, em jornais e revistas, palavras com **V – v** e **D – d**. Recorte-as e cole-as aqui.

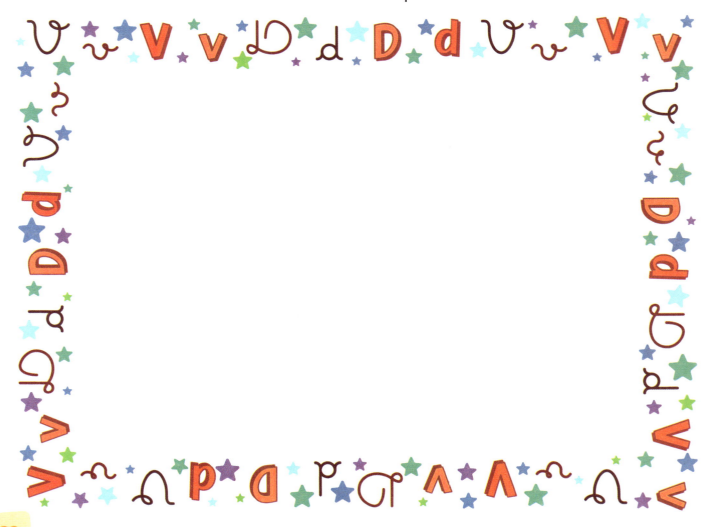

NOME: _____ DATA: _____

navio

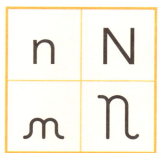

1 Leve a letra **N** até as palavras e pinte as figuras.

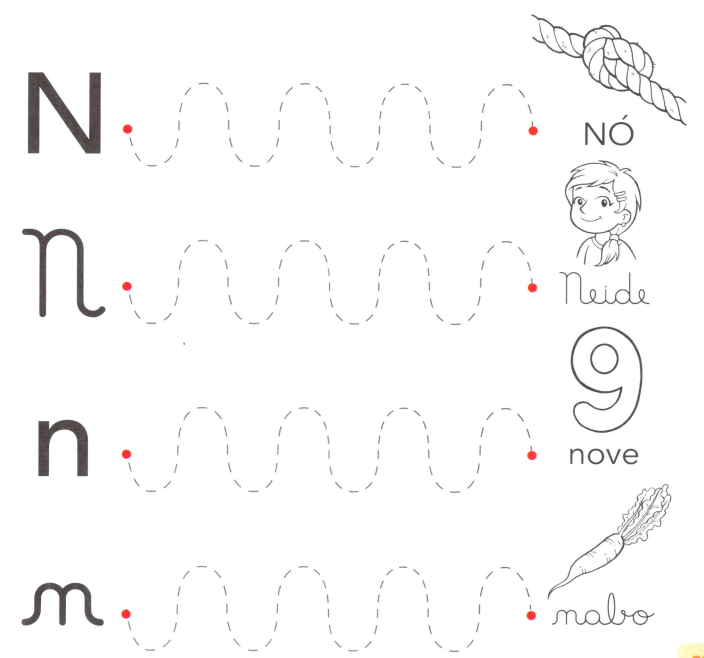

NÓ

Neide

nove

nabo

2 ▸ Cubra o tracejado e continue fazendo a letra n – m.

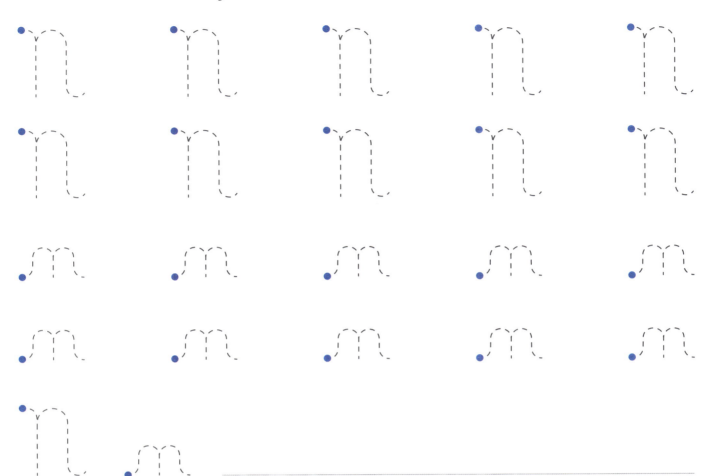

3 ▸ Complete as palavras com a letra **N – n**.

bo___é   pe___a   pa___ela

ba___a___a   si___o   ___icolau

NOME: _____ DATA: _____

1▸ Observe as figuras geométricas. Depois, em cada quadro, faça um **X** no objeto que tem formato semelhante ao da figura em destaque.

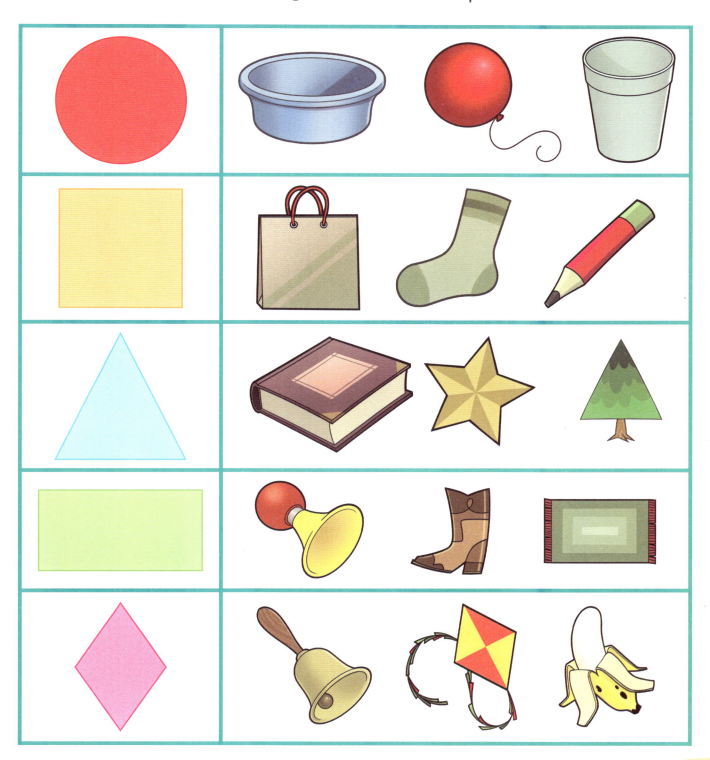

2 ▸ Pinte as formas de acordo com a figura em destaque.

3 ▸ Junte a letra m – n às vogais e cubra o tracejado dessa família silábica.

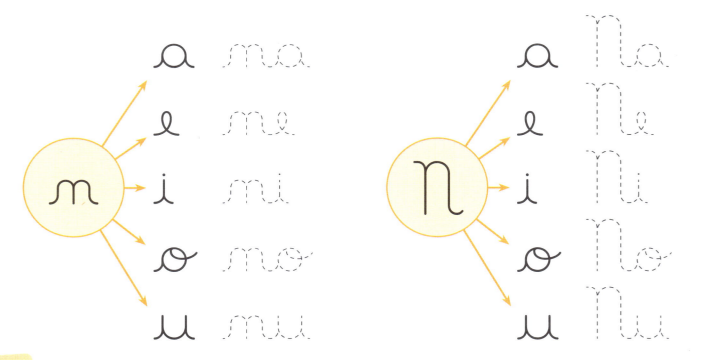

NOME: _____ DATA: _____

rato

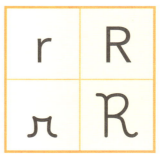

1 ▸ Leve a letra **R** até as palavras e pinte as figuras.

R . _____ . REDE

R . _____ . Rui

r . _____ . roda

r . _____ . rã

67

2 ▸ Cubra o tracejado e continue fazendo a letra R – r.

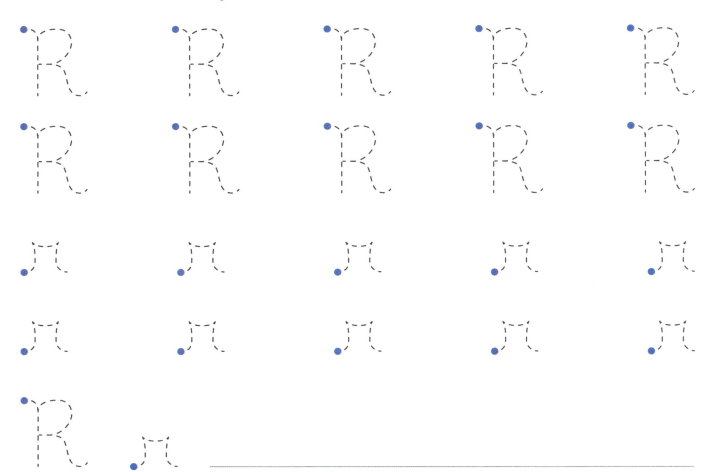

3 ▸ Complete as palavras com a letra **R – r**.

a__a__a   cenou__a   o__elha

á__vore   la__anja   __enata

NOME: _____ DATA: _____

1. Registre no quadro quantas letras e sílabas têm as palavras. Veja o modelo.

DESENHO	PALAVRA	LETRAS	SÍLABAS
	DADO	4	2
	MOEDA		
	REI		
	PIÃO		
	PÁ		

69

2 Junte a letra ɲ – R às vogais e cubra o tracejado dessa família silábica.

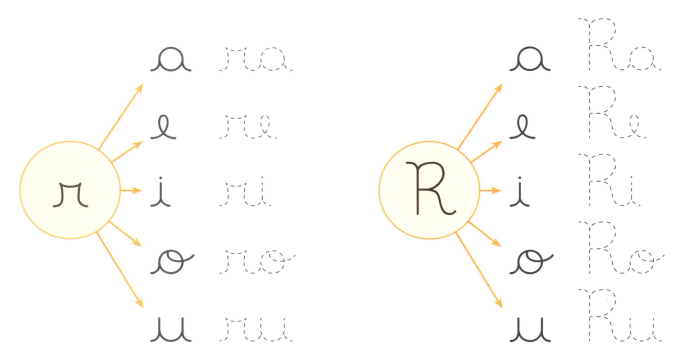

3 Pesquise, em jornais e revistas, palavras com **N – n** e **R – r**. Recorte-as e cole-as aqui.

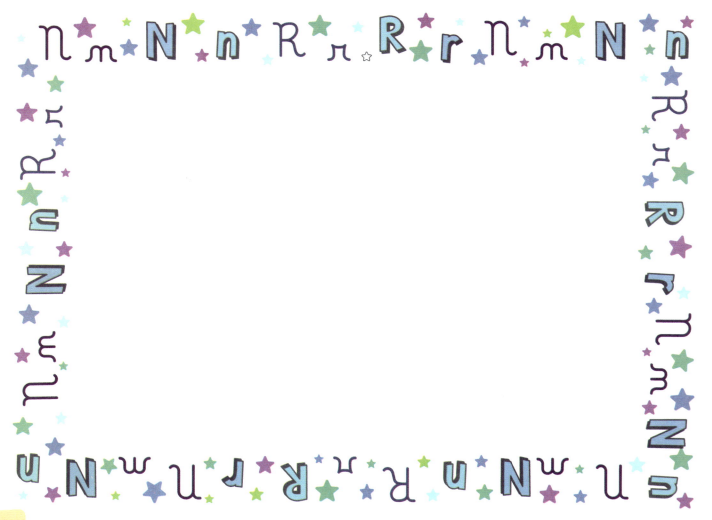

NOME: _____ DATA: _____

sapo

s	S
♪	𝒮

1) Leve a letra **S** até as palavras e pinte as figuras.

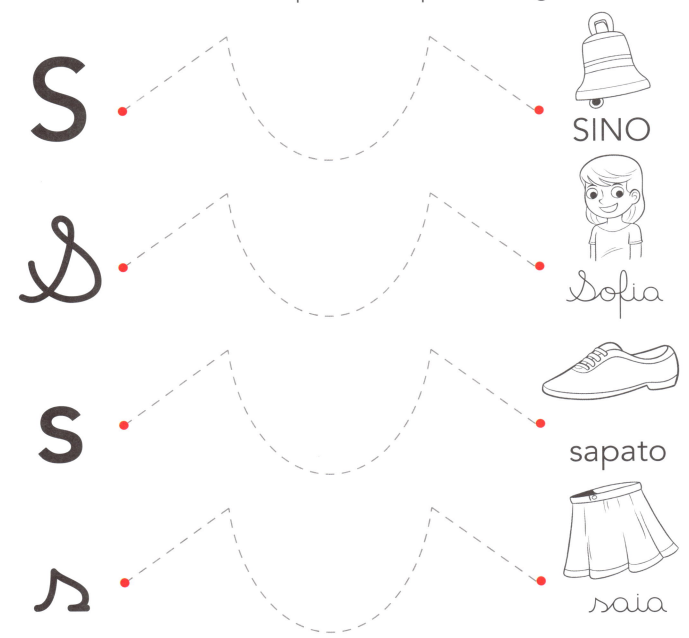

SINO

Sofia

sapato

saia

71

2 ▸ Cubra o tracejado e continue fazendo a letra 𝒮 – 𝓈.

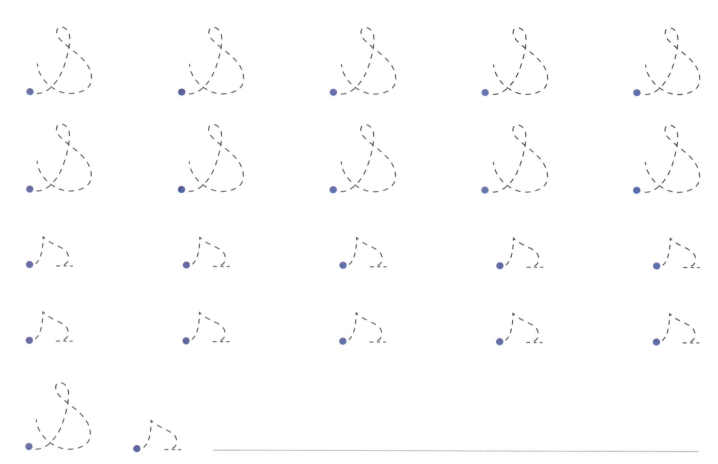

3 ▸ Complete as palavras com a letra **S** – **s**.

e____trela ____aci ____acola

____aulo ____ofá ____opa

NOME: _____ DATA: _____

Sapo-cururu

Sapo-cururu
na beira do rio,
quando o sapo canta,
ó maninha,
é porque tem frio.

A mulher do sapo
deve estar lá dentro,
fazendo rendinha,
ó maninha,
pro seu casamento.

Cantiga.

1) Circule na cantiga as palavras com **S – s** e pinte o desenho.

2) Circule as palavras iguais às dos quadros em destaque.

SOPA	SAPO SOL sopa Saia SOPA

REI	rei REI rã roupa REI

73

3 Junte a letra s – S às vogais e cubra o tracejado dessa família silábica.

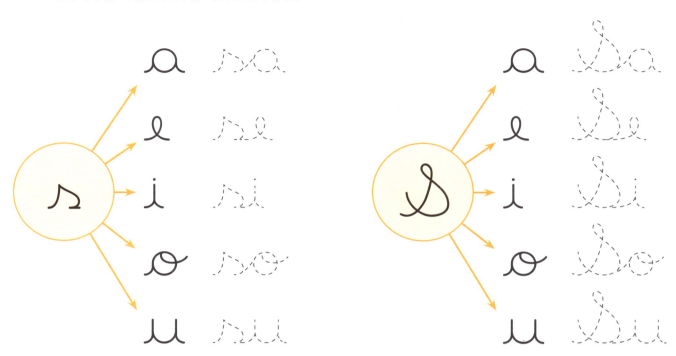

4 Pesquise, em jornais e revistas, palavras com **S – s**. Recorte-as e cole-as aqui.

NOME: _____ DATA: _____

Atividades

tambor

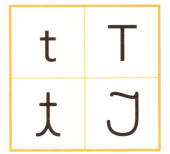

1) Leve a letra **T** até as palavras e pinte as figuras.

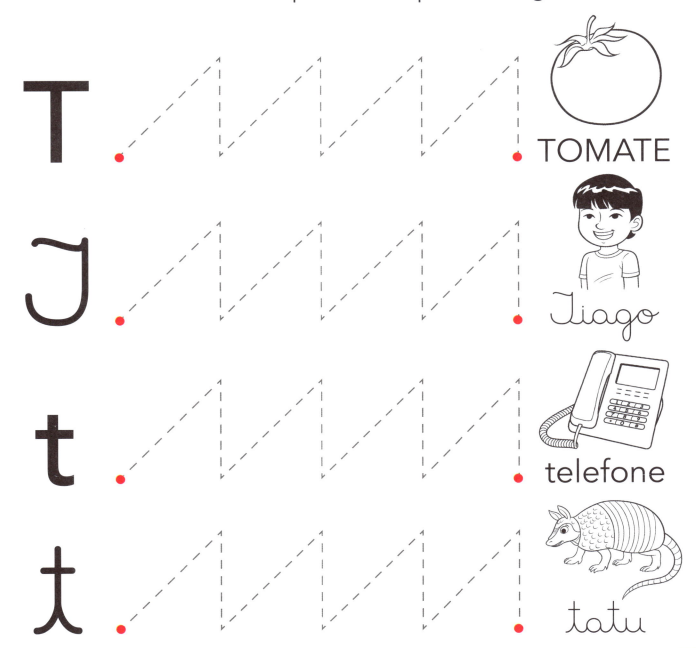

TOMATE

Tiago

telefone

tatu

75

2 ▸ Cubra o tracejado e continue fazendo a letra J – t.

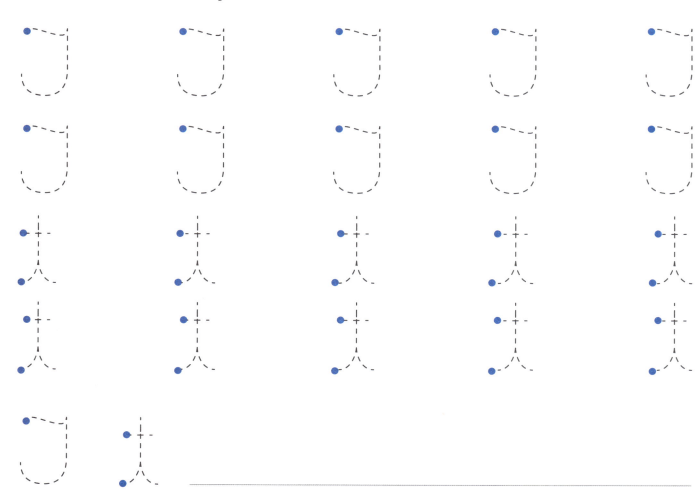

3 ▸ Complete as palavras com a letra **T – t**.

sapa__o   pa__o   api__o

__elma   oi__o   __a__u

NOME: _____ DATA: _____

1▸ Ajude o tatu a encontrar seu filhote levando-o pelo labirinto.

2 ▸ Observe as partes dos brinquedos e ligue as que se completam.

3 ▸ Junte a letra t – J às vogais e cubra o tracejado dessa família silábica.

NOME: _____ DATA: _____

1) Leve a letra **B** até as palavras e pinte as figuras.

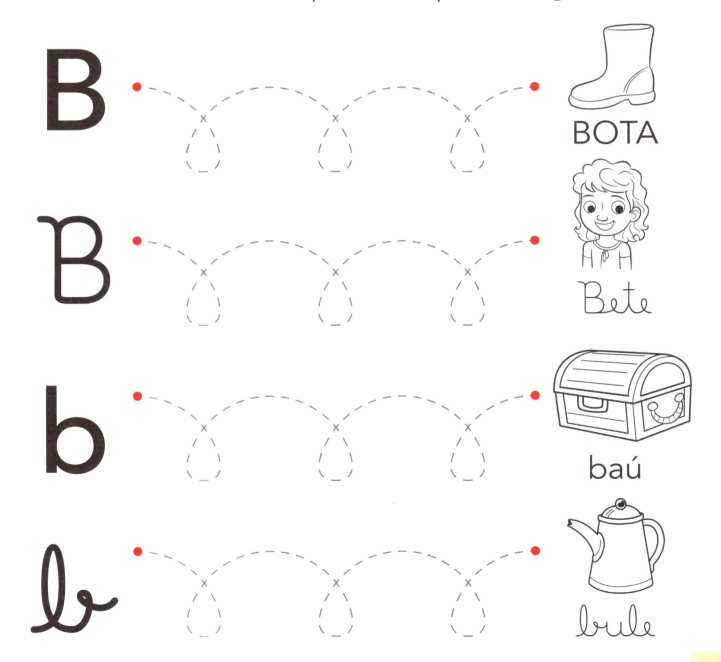

2 ▸ Cubra o tracejado e continue fazendo a letra B – b.

3 ▸ Complete as palavras com a letra **B – b**.

____anana   ____ala   ____aleia

____reno   ____oné   a____acaxi

NOME: _____ DATA: _____

1. Complete o diagrama escrevendo as letras que faltam no nome de cada figura.

2 Escreva, nos quadrinhos, a letra inicial do nome de cada figura para formar novas palavras. Depois, escreva-as nas linhas.

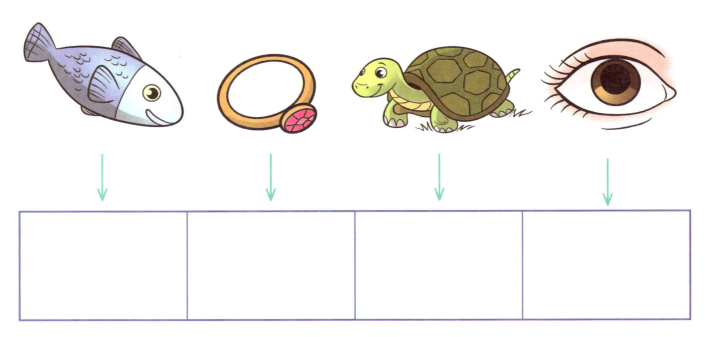

NOME: _____ DATA: _____

Revisando o que foi estudado

1 ▸ Encontre o nome das figuras no diagrama de palavras.

 **PATO**    **SINO**    **PÃO**

 **TATU**   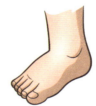 **PÉ**    **VIOLÃO**

U	T	Y	D	F	T	A	T	U	E
R	F	C	D	S	X	Z	P	Ç	T
P	A	T	O	R	F	C	V	B	N
R	E	C	X	V	I	O	L	Ã	O
V	B	N	H	Y	T	E	D	C	R
R	S	X	C	P	É	O	L	P	L
E	O	I	R	G	S	X	P	Ã	O
S	I	N	O	N	A	X	I	B	S

83

2 ▸ Ligue cada sílaba às palavras com som inicial correspondente.

sapo •   **bo**   • pia

mapa •   **pi**   • saia

bota •   **sa**   • mala

pião •   **ma**   • bolo

3 ▸ Pesquise, em jornais e revistas, palavras com **T – t** e **B – b**. Recorte-as e cole-as aqui.

NOME: _____ DATA: _____

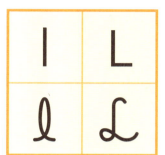

1 Leve a letra **L** até as palavras e pinte as figuras.

85

2 ▸ Cubra o tracejado e continue fazendo a letra $\mathcal{L} - \mathcal{l}$.

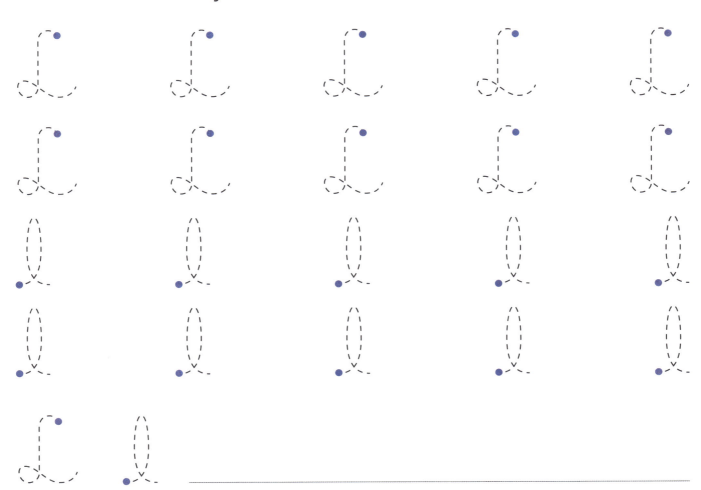

3 ▸ Complete as palavras com a letra **L – l**.

bo___o ___ucas bo___a

me___ão vio___ão ___eão

NOME: _____ DATA: _____

1 ▸ Pinte as figuras e ligue-as às palavras correspondentes. Depois, escreva-as nas linhas.

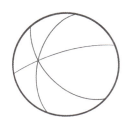

• BOLA

• PATO

• VELA

• DAMA

_____

2 ▸ Complete as palavras com as letras que faltam.

MALA

MA___A

___ALA

M___L

MAL___

3. Junte a letra l – L às vogais e cubra o tracejado dessa família silábica.

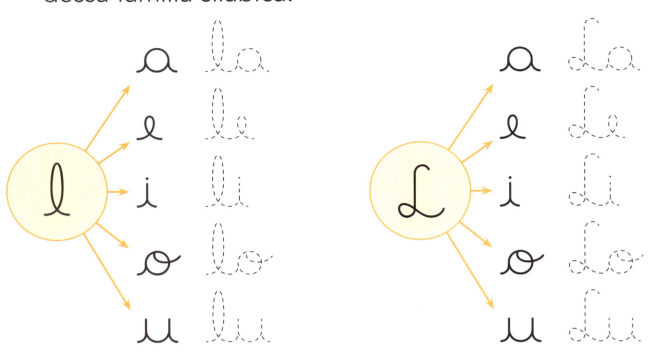

4. Pesquise, em jornais e revistas, palavras com L – l. Recorte-as e cole-as aqui.

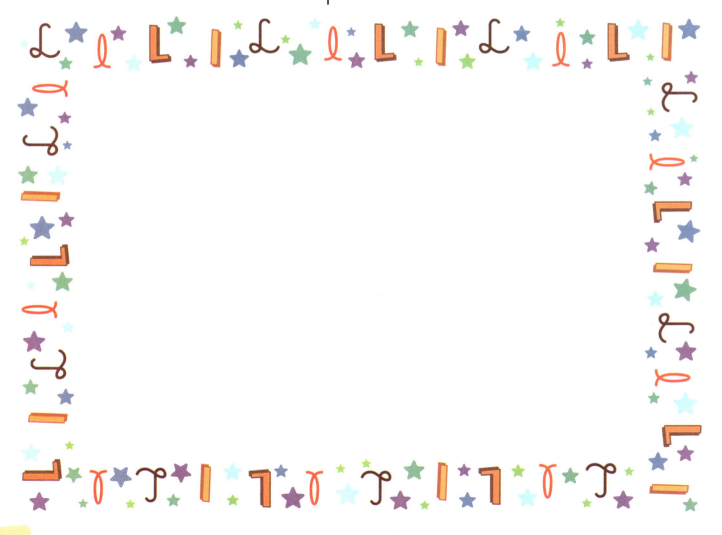

NOME: _____ DATA: _____

caju

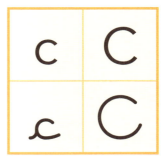

1) Leve a letra **C** até as palavras ligando os pontos. Depois, pinte as figuras.

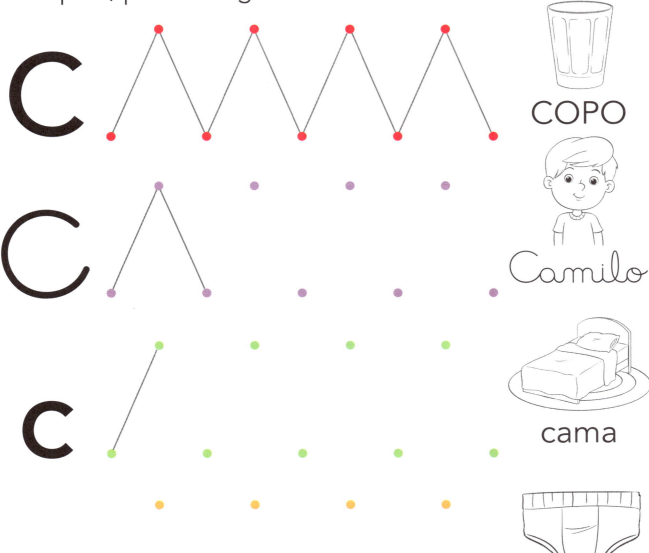

COPO

Camilo

cama

cueca

2 ▸ Cubra o tracejado e continue fazendo a letra C – c.

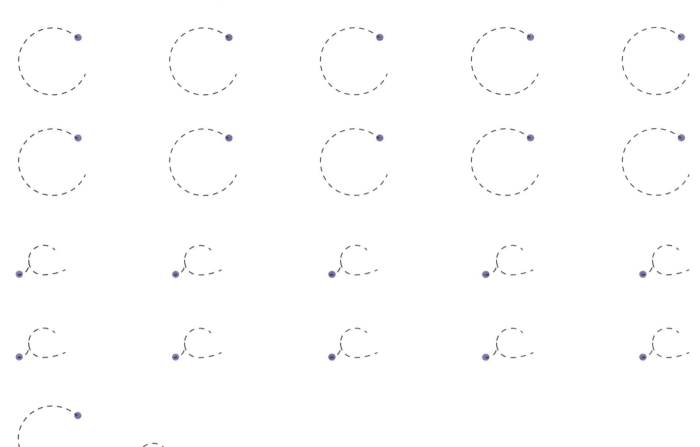

3 ▸ Complete as palavras com a letra **C – c**.

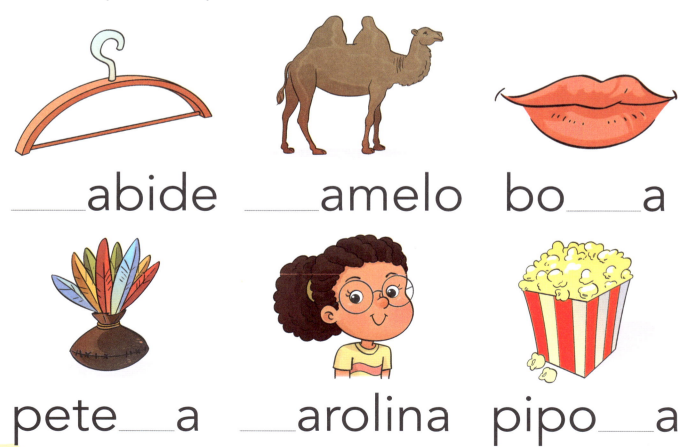

__abide __amelo bo__a

pete__a __arolina pipo__a

NOME: _____ DATA: _____

1 ▸ Pinte as partes com pontinhos e descubra um animal.

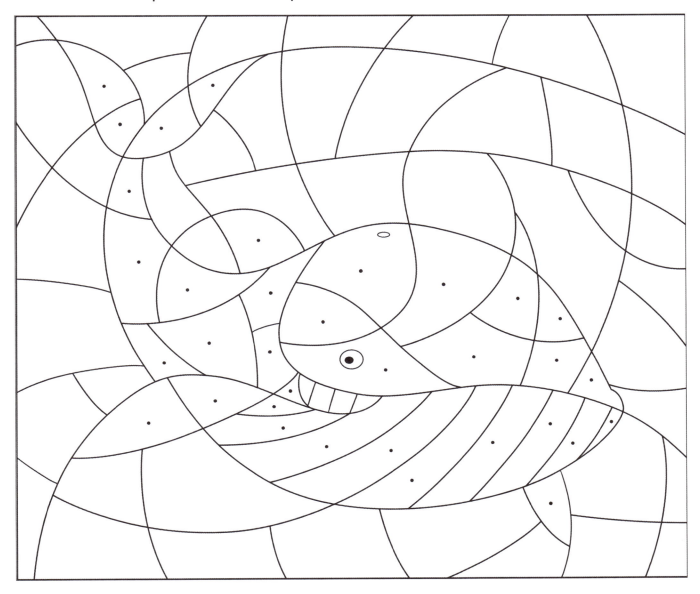

2 ▸ Complete o nome do animal que você descobriu e copie-o na linha abaixo em letra cursiva.

| B | | L | | | |

_____

3 Ligue as palavras ao número de letras correspondente e copie-as nas linhas.

roda •

 8

_____

balão •

_____

 6

boneca •

_____

 4

camaleão •

_____

 5

lápis •

_____

92

NOME: _____ DATA: _____

1 ▸ Recorte as palavras e cole-as embaixo da figura correspondente.

 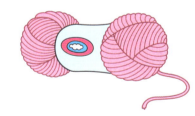 

| RATO | PANELA | LEÃO |
| NOVELO | IOIÔ | POMADA |

NOME: _____ DATA: _____

Vamos recitar

– Cadê o toucinho que estava aqui?
– O gato comeu.
– Cadê o gato?
– Fugiu pro mato.
– Cadê o mato?
– O fogo queimou.
– Cadê o fogo?
– A água apagou.
– Cadê a água?
– O boi bebeu.
– Cadê o boi?
– Está amassando trigo.
– Cadê o trigo?
– A galinha espalhou.
– Cadê a galinha?
– Está botando ovo.
– Cadê o ovo?
– Quebrou!

Parlenda.

Atividades

1) Recite a parlenda e pinte apenas as figuras dos animais que aparecem nela.

2 Escreva cada letra no quadrinho indicado para formar o nome das figuras.

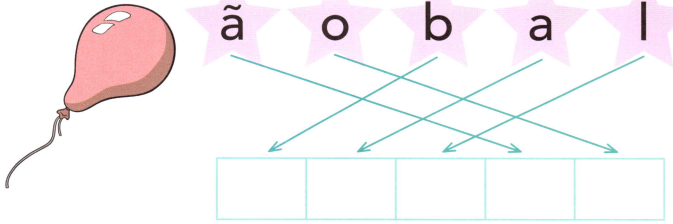

NOME: _____ DATA: _____

gato

g	G
g	G

1) Leve a letra **G** até as palavras ligando os pontos. Depois, pinte as figuras.

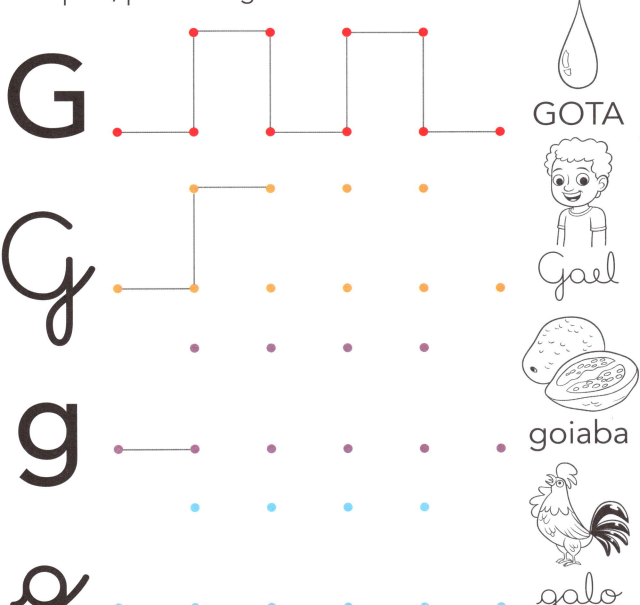

97

2 ▸ Cubra o tracejado e continue fazendo a letra G – g.

3 ▸ Complete as palavras com a letra **G – g**.

__aivota

__abriela

fo__ão

fo__o

NOME: _____ DATA: _____

1 ▸ Forme palavras com as sílabas a seguir. Veja o modelo.

BO	GA	PI	SO	NE	ME
CA	DE	TA	VE	LO	PA
PE	PO	LA	DO	BA	TE

Pipoca, _____

_____

_____

2 ▸ Leia as palavras e ligue a palavra correta ao desenho.

rei •

pena •

Ana •

rua •

99

3) Junte a letra g – G às vogais e cubra o tracejado dessa família silábica.

4) Pesquise, em jornais e revistas, palavras com **C – c** e **G – g**. Recorte-as e cole-as aqui.

NOME: _____ DATA: _____

1) Faça a dobradura de um avião seguindo as instruções.

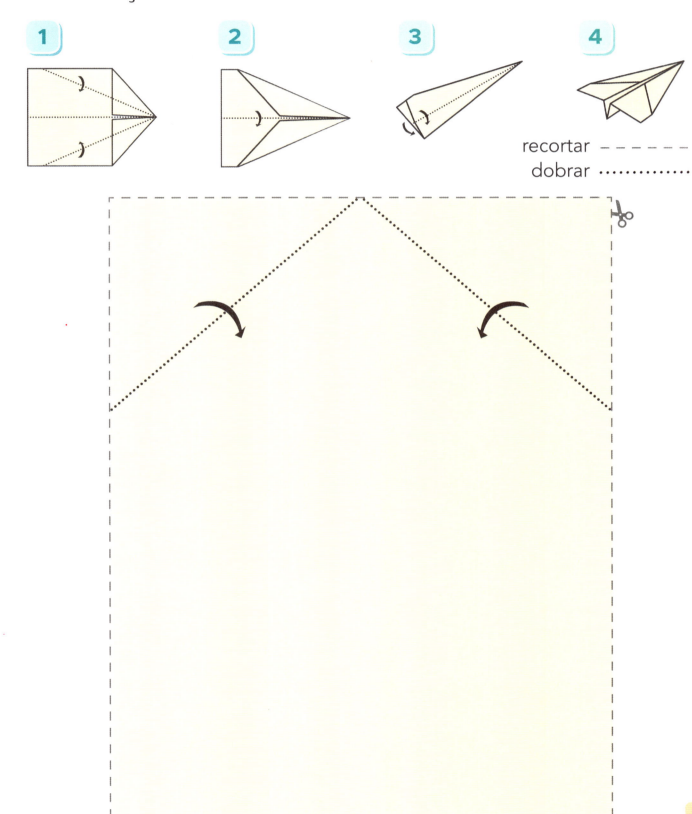

recortar – – – – – –
dobrar ....

101

NOME: _____ DATA: _____

Atividades

1 Registre no quadro quantas letras e sílabas têm as palavras. Veja o modelo.

DESENHO	PALAVRA	LETRAS	SÍLABAS
	PÉ	2	1
	GATO		
	BANANA		
	APITO		
	LEÃO		

2 ▸ Circule as palavras iguais às dos quadros em destaque.

| ÁGUA | GOTA ÁGUA GOLA água colega |

| CAVALO | cavalo CABELO CAVALO VACA copo |

Vamos recitar

Corre, ratinho,
Que o gato tem fome.
Corre, ratinho,
Que o gato te come.

Parlenda.

3 ▸ Pinte os animais que aparecem na parlenda acima e escreva o nome deles nas linhas.

_____   _____   _____

NOME: _____ DATA: _____

janela

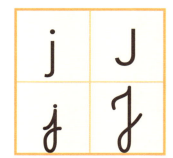

1) Leve a letra **J** até as palavras ligando os pontos. Depois, pinte as figuras.

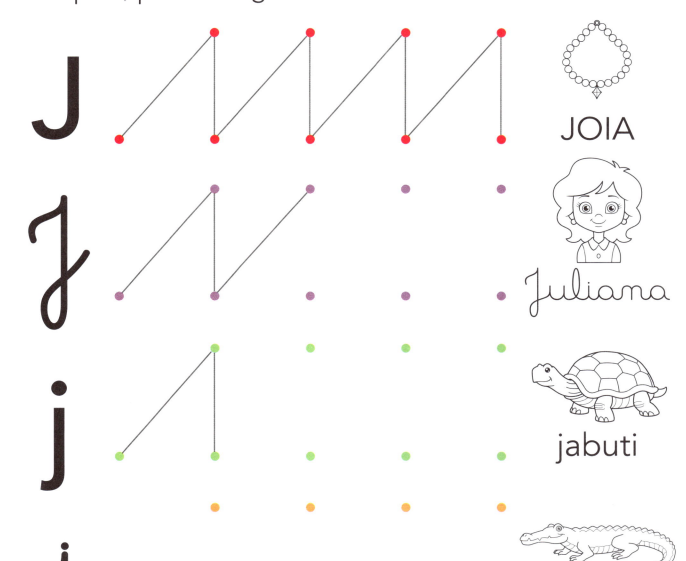

JOIA

Juliana

jabuti

jacaré

105

2 ▸ Cubra o tracejado e continue fazendo a letra J – j.

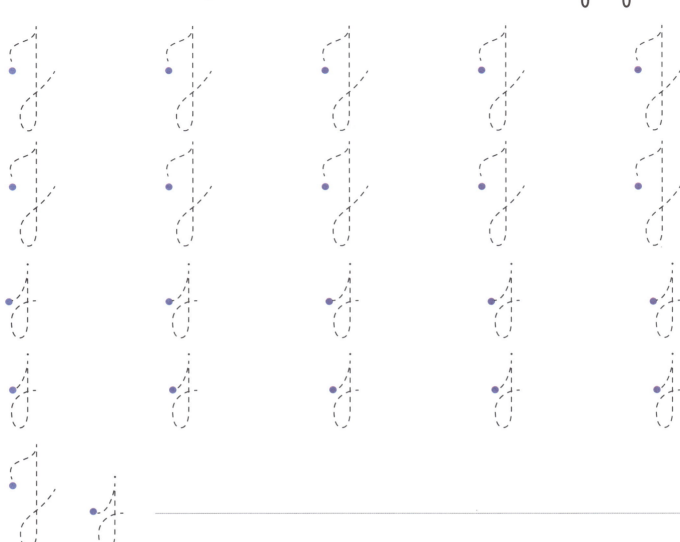

3 ▸ Complete as palavras com a letra **J – j**.

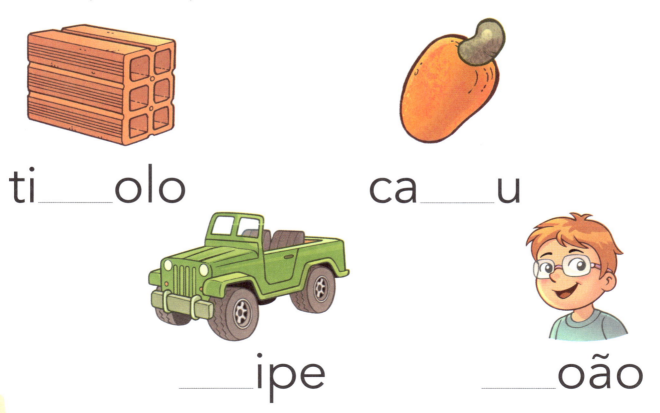

ti___olo

ca___u

___ipe

___oão

NOME: _____ DATA: _____

1. Recorte as peças do quebra-cabeça e monte-o na página 109.

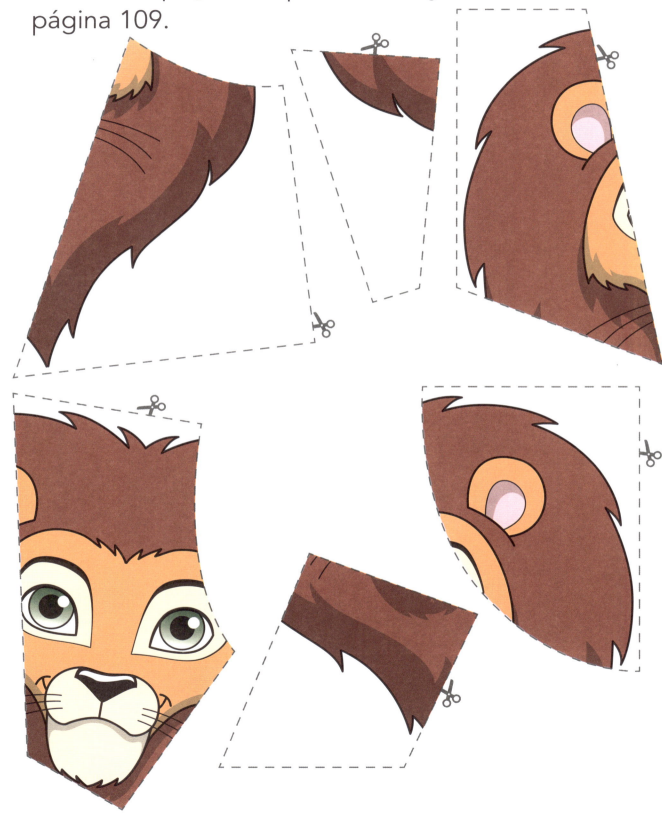

NOME: _____ DATA: _____

2▸ Monte aqui o quebra-cabeça da página 107.

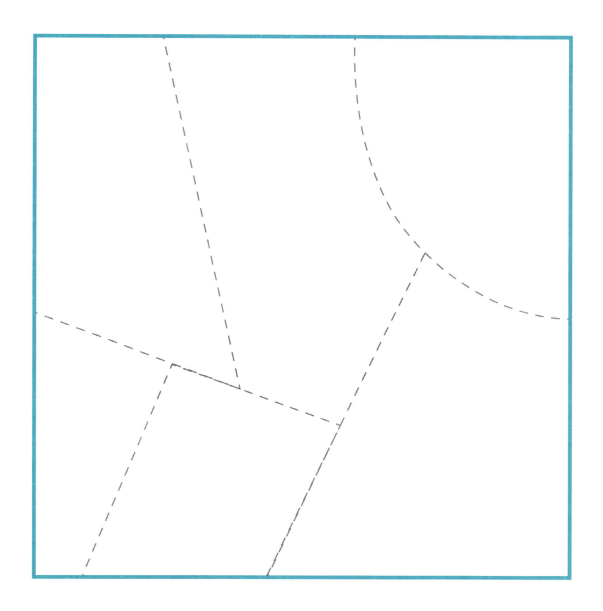

NOME: _____ DATA: _____

1 ▸ Pinte o retângulo em que o nome das figuras está escrito.

CAMELO	TUCANO
MACACO	TOMATE
CAMA	PETECA

2 ▸ Pinte a figura e ligue-a à palavra correspondente. Depois, escreva-a na linha.

- BOI
- GAVETA
- BOCA
- JACA

3 ▸ Junte a letra j – J às vogais e cubra o tracejado dessa família silábica.

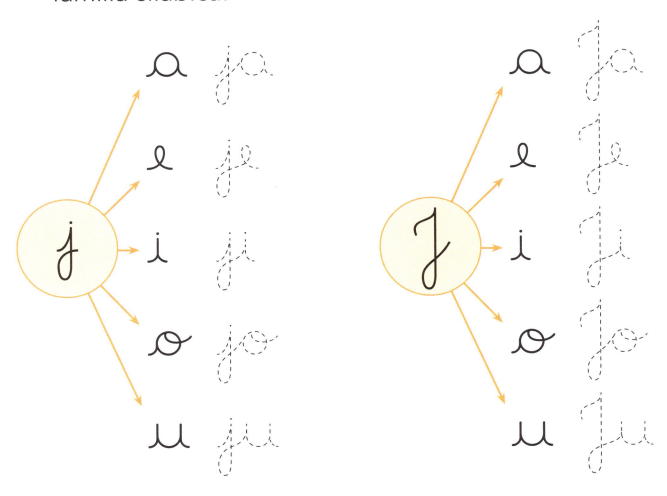

4 ▸ Pesquise, em jornais e revistas, palavras com **J – j**. Recorte-as e cole-as aqui.

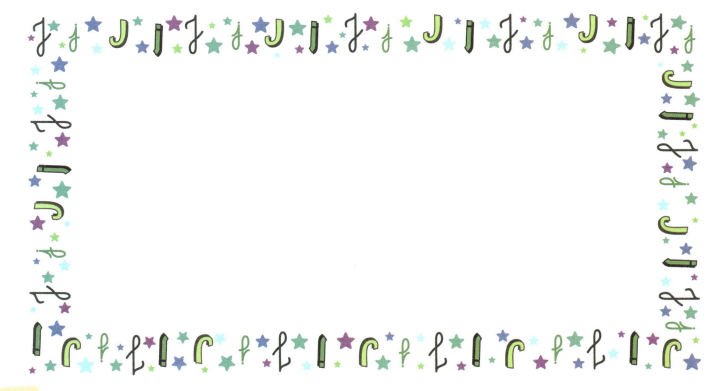

NOME: _____ DATA: _____

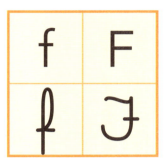

1) Leve a letra **F** até as palavras ligando os pontos. Depois, pinte as figuras.

FACA

Felipe

fada

fio

113

2 Cubra o tracejado e continue fazendo a letra ℱ – ƒ.

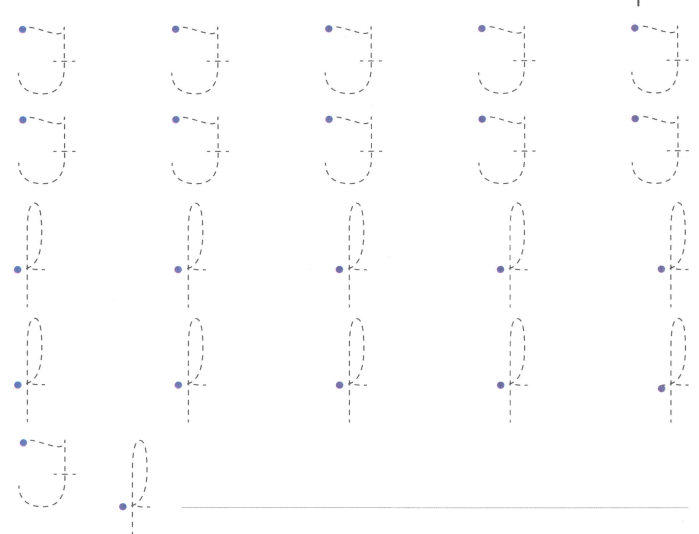

3 Complete as palavras com a letra **F – f**.

tele___one   ___abiana

___acão   ___olha

NOME: _____ DATA: _____

1 ▸ Leve cada objeto a sua sombra.

115

2 ▸ Junte a letra f – F às vogais e cubra o tracejado dessa família silábica.

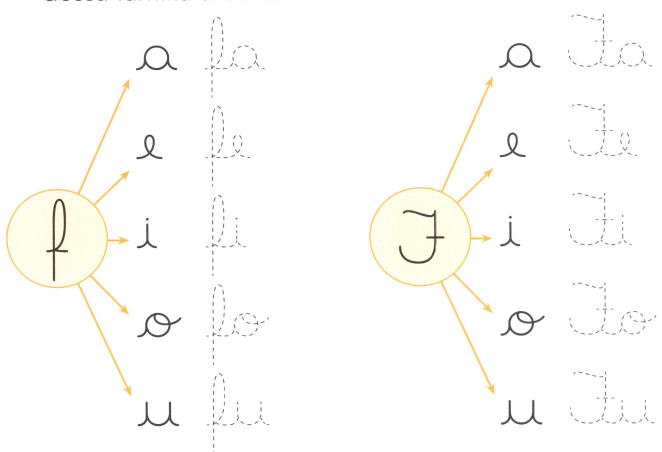

3 ▸ Ligue cada figura à letra inicial do nome dela e copie as palavras nas linhas.

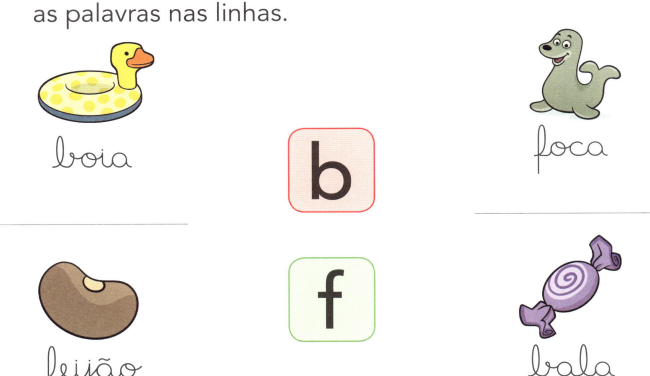

NOME: _____ DATA: _____

zebra

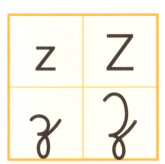

1) Leve a letra **Z** até as palavras ligando os pontos. Depois, pinte as figuras.

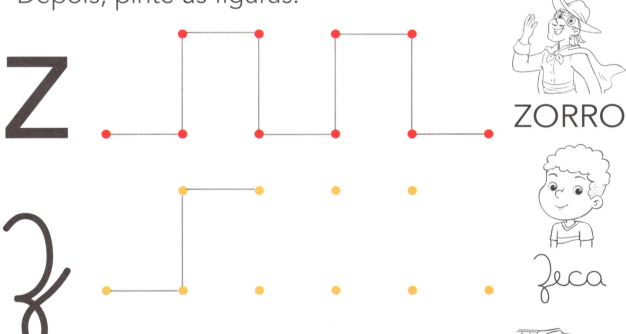

ZORRO

Zeca

zíper

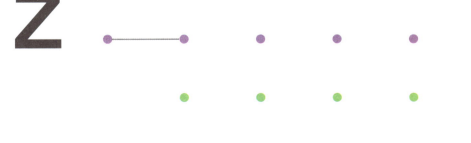

zero

2 ▸ Cubra o tracejado e continue fazendo a letra z - z.

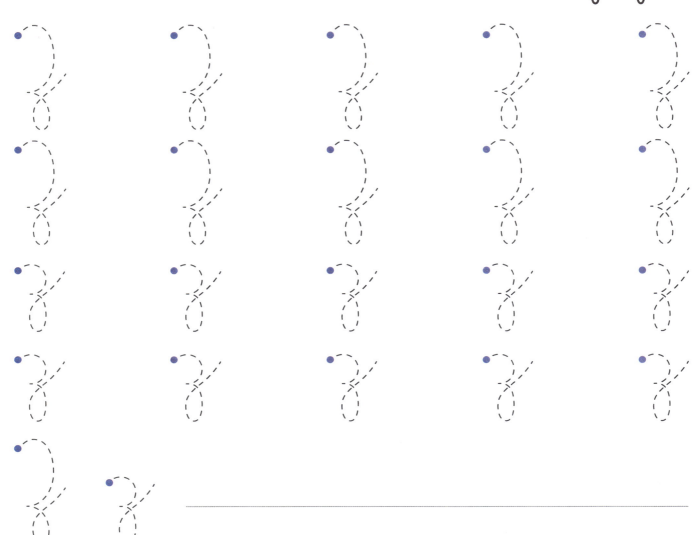

3 ▸ Complete as palavras com a letra **Z – z**.

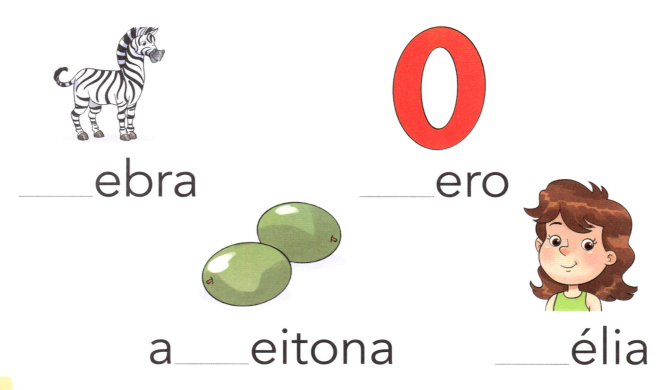

____ebra

____ero

a____eitona

____élia

NOME: _____ DATA: _____

Vamos recitar

O macaco foi à feira,
Não teve o que comprar.
Comprou uma cadeira
Pra comadre se sentar.

A comadre se sentou
A cadeira esborrachou.
Coitada da comadre,
Foi parar no corredor.

Parlenda.

Atividades

1) Pinte a imagem acima que representa o animal da parlenda.

2) Ligue cada sílaba às palavras com som inicial correspondente.

janela •	**zi**	• foca
jaca •	**ca**	• jarra
caju •	**fo**	• zíper
fogo •	**ja**	• camelo

3 ▸ Junte a letra z – z às vogais e cubra o tracejado dessa família silábica.

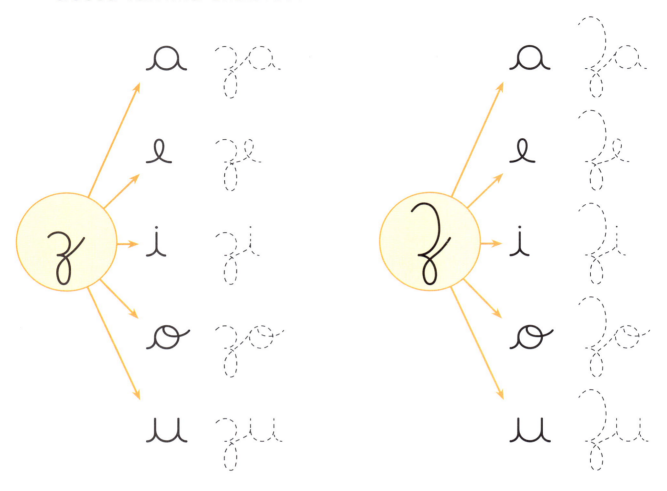

4 ▸ Pesquise, em jornais e revistas, palavras com **F – f** e **Z – z**. Recorte-as e cole-as aqui.

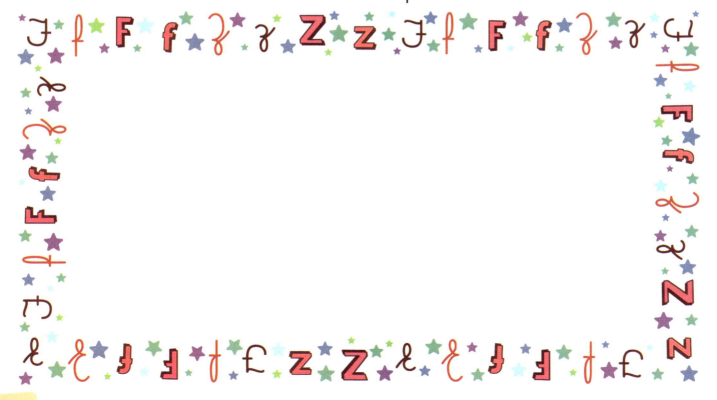

NOME: _____ DATA: _____

xícara

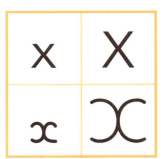

1 ▸ Leve a letra **X** até as palavras ligando os pontos. Depois, pinte as figuras.

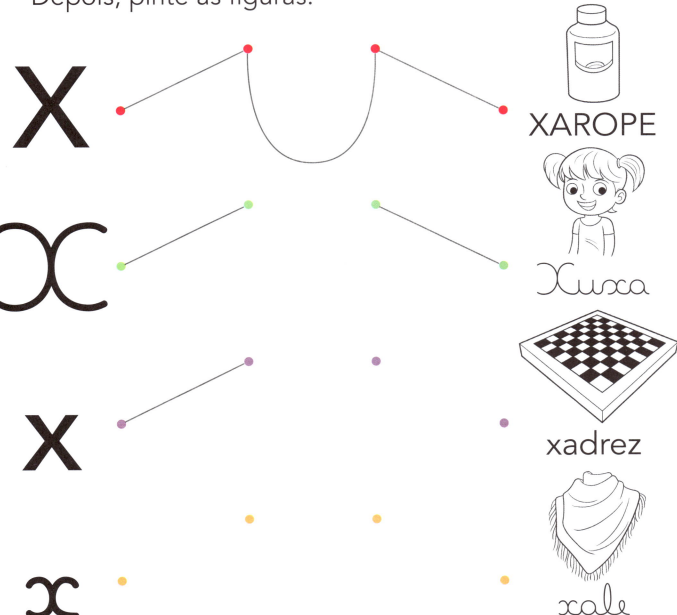

2 ▸ Cubra o tracejado e continue fazendo a letra ⅀ – ⅀.

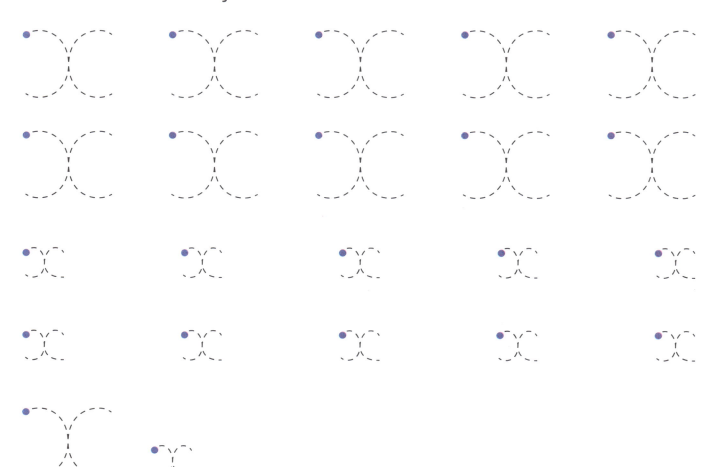

3 ▸ Complete as palavras com a letra **X – x**.

__xícara   cai__x__a   li__x__o

__X__avier   pei__x__e   __x__arope

NOME: _____ DATA: _____

1 ▸ Forme palavras com as sílabas a seguir. Veja o modelo.

XA	BU	SO	GO	FA	NO
NE	DO	MI	JA	XU	ZI
NA	CA	TI	DA	FO	LA

Soneca, _____

_____

_____

2 ▸ Observe a imagem e leia as palavras. Depois, ligue a imagem ao nome dela.

- PENA
- XALE
- PEIXE
- XADREZ
- ROXO

3 ▸ Junte a letra x – X às vogais e cubra o tracejado dessa família silábica.

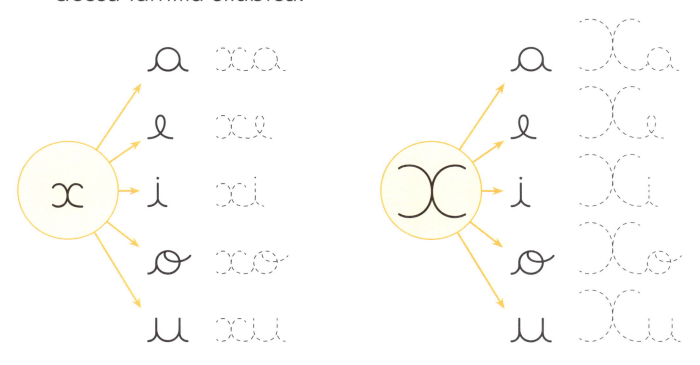

4 ▸ Ligue as palavras ao número de letras correspondente e copie-as nas linhas.

NOME: _____   DATA: _____

helicóptero

| h | H |
| h | H |

1▸ Leve a letra **H** até as palavras ligando os pontos. Depois, pinte as figuras.

125

2 ▸ Cubra o tracejado e continue fazendo a letra H – h.

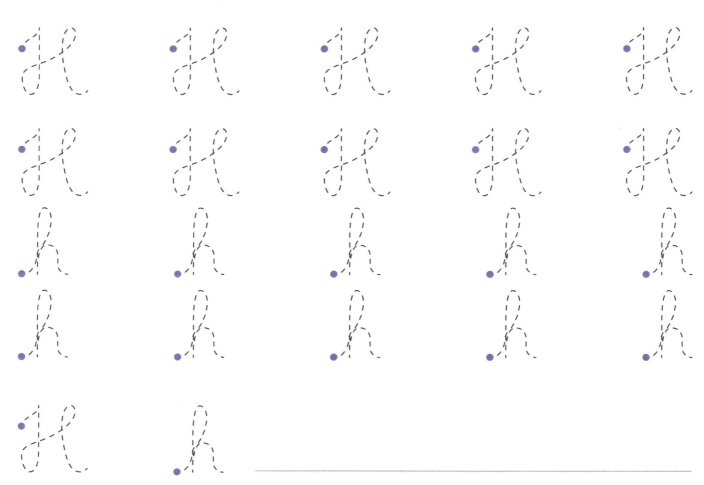

3 ▸ Complete as palavras com a letra **H – h**.

____elena ____élice

____elicóptero ____ipopótamo

NOME: _____ DATA: _____

1 ▸ Faça a dobradura de chapéu seguindo as instruções.

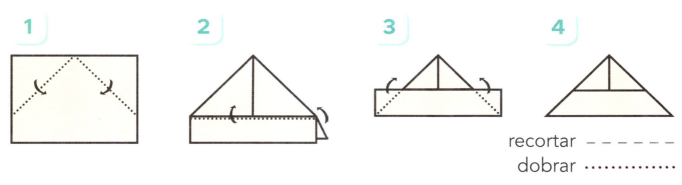

recortar – – – – –
dobrar ....

127

NOME: _____ DATA: _____

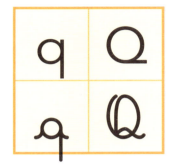

1) Leve a letra **Q** até as palavras ligando os pontos. Depois, pinte as figuras.

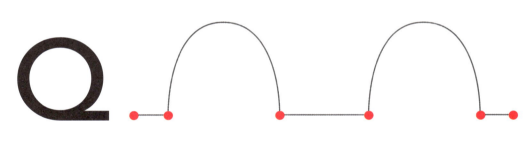

QUILO

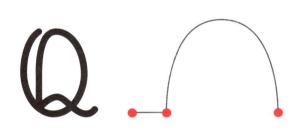

Quitéria

quati

quinze

129

2 Cubra o tracejado e continue fazendo a letra Q – q.

3 Complete as palavras com a letra **Q – q**.

es___uilo   a___uário   ___uibe

___ueijo   le___ue   ___uincas

NOME: _____ DATA: _____

1. Recorte as figuras a seguir e cole-as na página 133 nos espaços correspondentes.

NOME: _____ DATA: _____

2 ▸ Cole nos quadros correspondentes as figuras recortadas da página 131.

TIJOLO	FOCA
HIPOPÓTAMO	QUEIJO
QUIABO	SOFÁ
XALE	SACOLA

133

NOME: _____ DATA: _____

1 Cubra o tracejado das letras K – k, W – w e Y – y.

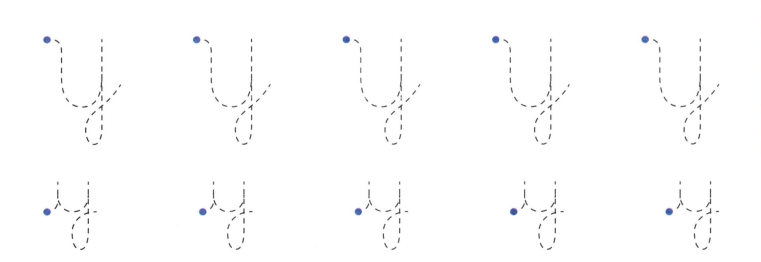

135

2 Ligue as letras às palavras nas quais elas aparecem.

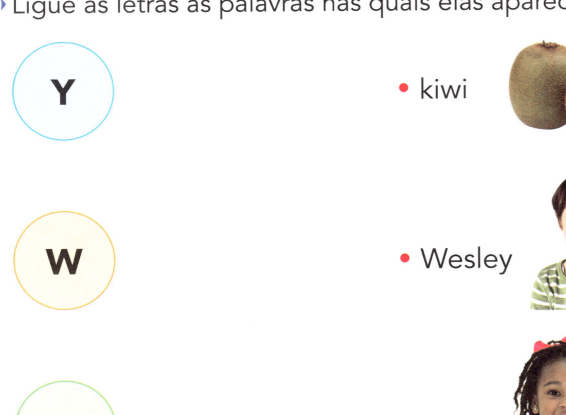

- kiwi
- Wesley
- Yone

3 Pesquise, em jornais e revistas, palavras com **K – k**, **W – w** e **Y – y**. Recorte-as e cole-as aqui.

NOME: _____ DATA: _____

Revisando o que foi estudado

1. Cubra o tracejado do alfabeto minúsculo.

2 ▸ Cubra o tracejado do alfabeto maiúsculo.

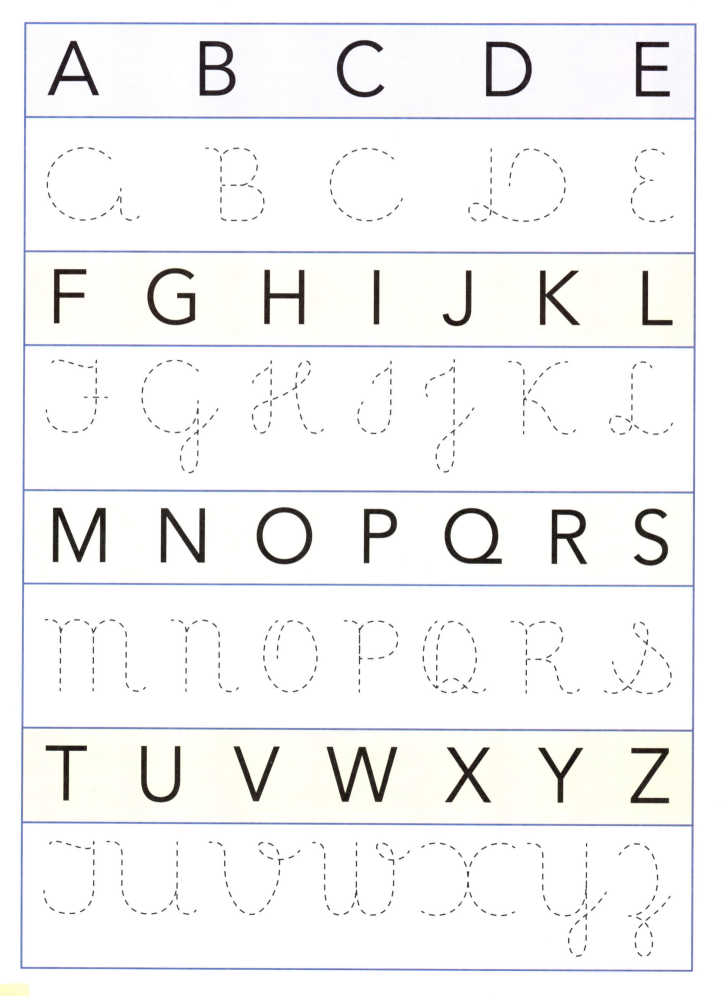

NOME: _____ DATA: _____

1 ▸ Pinte de **vermelho** a maçã da Branca de Neve.

NOME: _____ DATA: _____

 **Atividade**

1 ▸ Joãozinho subiu no pé de feijão de caule mais grosso. Faça um **X** no pé de feijão de caule mais fino e pinte o de caule mais grosso.

NOME: _____ DATA: _____

Eu vou, eu vou,
pra casa agora eu vou.

Cantiga.

1) Pinte o primeiro anão da fila e circule o último.

NOME: _____ DATA: _____

Atividades

1 ▸ Pinte o cisne que está dentro do lago.

2 ▸ Circule o sapatinho de cristal que está dentro da caixa e faça um **/** no que está fora da caixa.

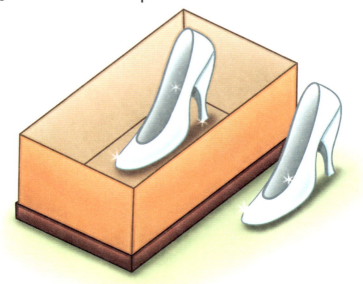

NOME: _____ DATA: _____

 **Atividade**

1 ▸ Alice está perdida! Para chegar a sua casa, ela precisa entrar na árvore oca à esquerda.

Vamos ajudá-la? Circule a árvore em que ela deve entrar e faça um **X** na árvore à direita.

NOME: _____ DATA: _____

1. Pinte o porquinho que está mais perto da casa e faça um **/** no que está mais longe dela.

NOME: _____ DATA: _____

 **Atividade**

1 Para Dorothy chegar a sua casa, ela precisa seguir o caminho das pedras grandes. Ajude-a pintando o caminho correto de **amarelo**.

NOME: _____ DATA: _____

1. Faça um **X** no pirata mais alto e circule o mais baixo.

2. Marque com um **/** o anão mais alto.

NOME: _____ DATA: _____

1. Observe a imagem com atenção e ligue Peter Pan à sombra correta.

147

NOME: _____ DATA: _____

1. Circule a menina com as tranças mais compridas e faça um **/** na que tem as tranças mais curtas.

NOME: _____ DATA: _____

 **Atividade**

1 ▸ Gepeto saiu em busca de Pinóquio. Ajude-o pintando de **azul** as águas do mar.

NOME: _____ DATA: _____

1 ▸ Para construir suas casas, cada porquinho precisou pegar seu material.

- Faça uma 🔴 no carrinho mais leve.
- Faça uma ➕ no carrinho mais pesado.

2 ▸ Pinte de **amarelo** o animal mais leve.

NOME: _____ DATA: _____

1. Pinte a cena da Chapeuzinho Vermelho indo à casa da vovó. Depois, recorte o quebra-cabeça e monte-o em uma folha à parte.

NOME: _____ DATA: _____

1 ▸ Chapeuzinho Vermelho foi ao mercado com a Vovozinha e observou a forma das embalagens. Observe você também a forma das embalagens a seguir e ligue-as aos sólidos geométricos com os quais se parecem.

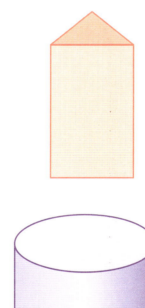

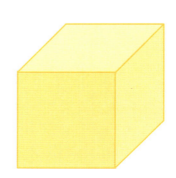

153

NOME: _____ DATA: _____

1. Observe o parquinho e, usando as cores da legenda, faça um **X** nos brinquedos que têm a forma geométrica indicada nela.

NOME: _____ DATA: _____

UM

1 ▸ Observe o número 1, cubra o tracejado dele e continue escrevendo-o nas linhas.

1 1 1 _____

1 1 _____

2 ▸ Desenhe um conjunto com 1 elemento.

155

3 ▸ Circule o dado cuja face corresponde ao número 1.

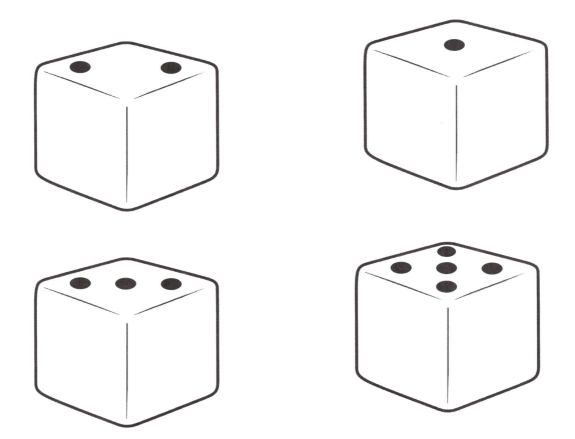

4 ▸ Marque um **X** no conjunto com 1 elemento.

NOME: _____ DATA: _____

 ZERO

1▸ Observe o número 0, cubra o tracejado dele e continue escrevendo-o nas linhas.

 _____

 _____

2▸ Faça um **X** nos conjuntos vazios.

157

3 ▸ Pinte os conjuntos unitários.

 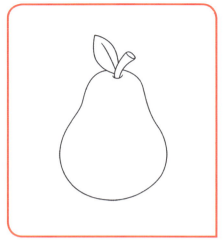 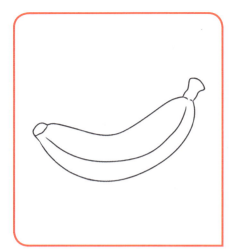

4 ▸ Desenhe um conjunto vazio.

5 ▸ Ligue cada conjunto ao número correspondente.

   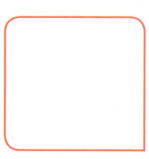

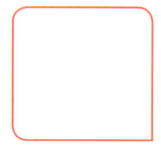   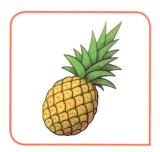

NOME: _____ DATA: _____

Atividades

DOIS

1) Observe o número 2, cubra o tracejado dele e continue escrevendo-o nas linhas.

   _____

 _____

2) Desenhe um conjunto com 2 elementos.

3 ▸ Conte os elementos e escreva o número correspondente.

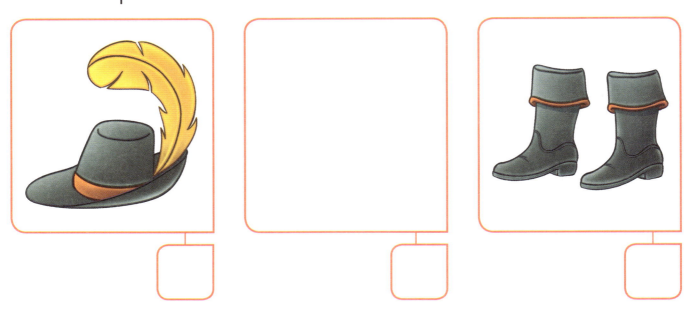

4 ▸ Complete a sequência com o número que falta.

0 ____ 2

0   1   ____

5 ▸ Desenhe a quantidade de elementos indicada em cada quadro.

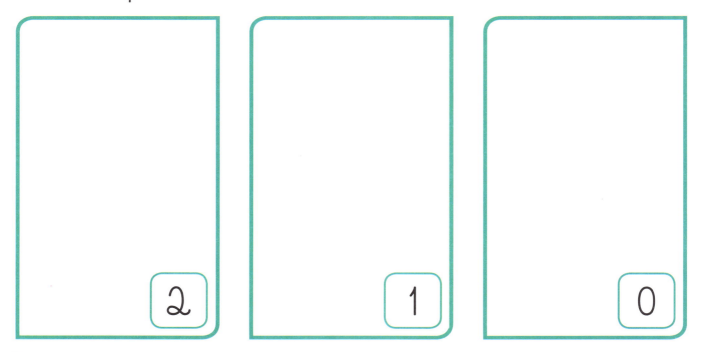

NOME: _____ DATA: _____

 TRÊS

1 ▸ Observe o número 3, cubra o tracejado dele e continue escrevendo-o nas linhas.

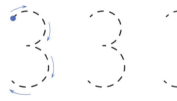 _____

 _____

2 ▸ Desenhe um conjunto com 3 elementos.

3 ▸ Conte os elementos e ligue cada conjunto ao número correspondente.

NOME: _____ DATA: _____

QUATRO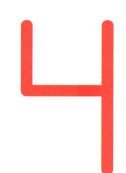

1▸ Observe o número 4, cubra o tracejado dele e continue escrevendo-o nas linhas.

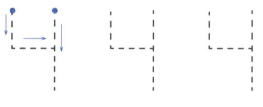 _____

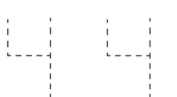 _____

2▸ Desenhe um conjunto com 4 elementos.

3 ▸ Conte os elementos e escreva o número correspondente.

0   1   2   3   4

NOME: _____ DATA: _____

CINCO 5

1) Observe o número 5, cubra o tracejado dele e continue escrevendo-o nas linhas.

2) Desenhe um conjunto com 5 elementos.

3 ▸ Pinte o conjunto com 5 elementos.

4 ▸ Complete a sequência com os números que faltam.

0   1   ___   3   ___   5

5 ▸ Conte os elementos e escreva o número correspondente.

NOME: _____ DATA: _____

SEIS 6

1▶ Observe o número 6, cubra o tracejado dele e continue escrevendo-o nas linhas.

6 6 6 _____

6 6 _____

2▶ Desenhe um conjunto com 6 elementos.

3 Conte os elementos e escreva o número correspondente.

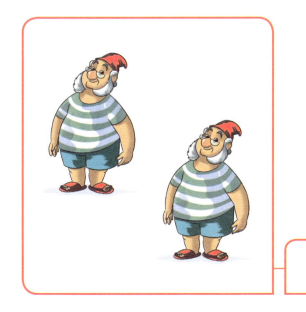

NOME: _____ DATA: _____

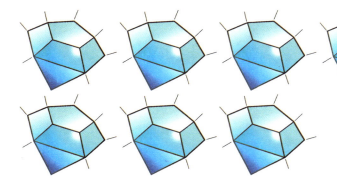

SETE

1 ▸ Observe o número 7, cubra o tracejado dele e continue escrevendo-o nas linhas.

2 ▸ Desenhe um conjunto com 7 elementos.

3 Conte os elementos e escreva o número correspondente.

0 1 2 3 4 5 6 7

NOME: _____ DATA: _____

OITO

1▸ Observe o número 8, cubra o tracejado dele e continue escrevendo-o nas linhas.

   _____

  _____

2▸ Desenhe um conjunto com 8 elementos.

171

3 ▸ Pinte as maçãs de acordo com a quantidade indicada.

4 ▸ Complete a sequência com os números que faltam.

_____ 1 _____ 3 _____ 5 _____ 7

5 ▸ Conte os elementos e escreva o número correspondente.

NOME: _____ DATA: _____

NOVE

1 ▸ Observe o número 9, cubra o tracejado dele e continue escrevendo-o nas linhas.

2 ▸ Desenhe um conjunto com 9 elementos.

3 ▸ Conte os elementos dos conjuntos e escreva o número correspondente.

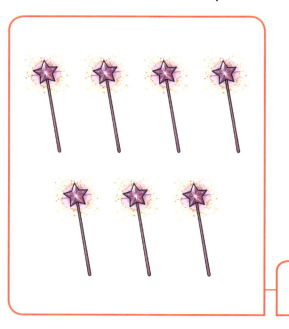

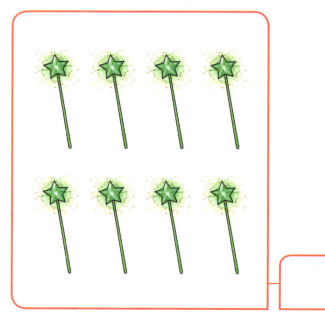

4 ▸ Complete a sequência com os números que faltam.

0 1 ___ ___ 4 ___ ___ 7 8 ___

5 ▸ Escreva os números de 1 a 9.

_____

_____

NOME: _____ DATA: _____

 DEZ

1) Observe o número 10, cubra o tracejado dele e continue escrevendo-o nas linhas.

 _____

 _____

2) Desenhe um conjunto com 10 elementos.

175

10 = 1 dezena
Dez elementos são iguais a 1 dezena.

3 ▸ Pinte 1 dezena de bananas.

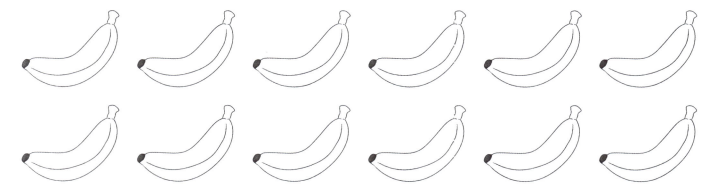

4 ▸ Conte 1 dezena de elementos em cada conjunto e circule-os.

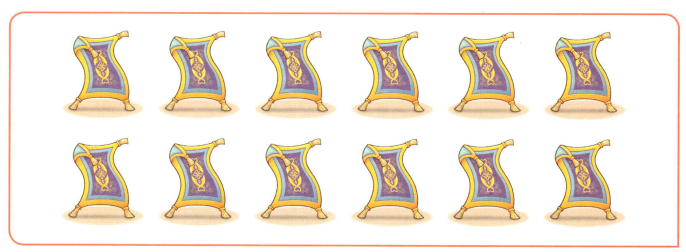

NOME: _____ DATA: _____

ONZE

1▸ Desenhe 11 conchinhas.

2▸ Observe o número 11, cubra o tracejado dele e continue escrevendo-o na linha.

3▸ Conte 11 elementos e circule-os.

4 ▸ Complete a trilha com os números que faltam.

5 ▸ Faça um **X** no conjunto que tem 11 elementos.

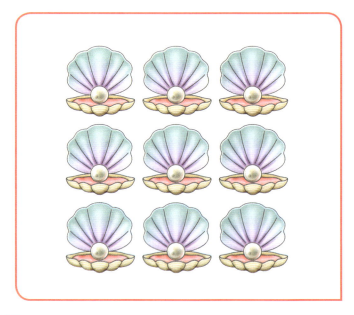
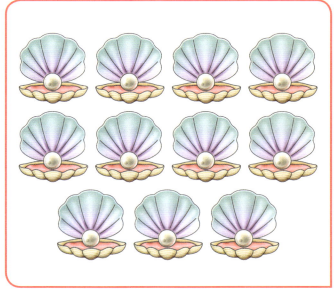

NOME: _____ DATA: _____

DOZE 12

1 ▸ Desenhe 12 pirulitos.

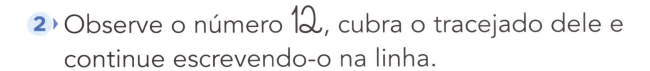

2 ▸ Observe o número 12, cubra o tracejado dele e continue escrevendo-o na linha.

3 ▸ Conte os elementos dos conjuntos e escreva o número correspondente.

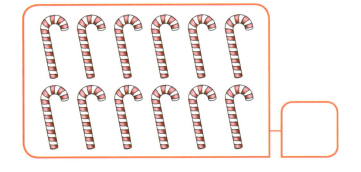

12 = 1 dúzia
Doze elementos são iguais a 1 dúzia.

4 ▸ Pinte 1 dúzia de pirulitos.

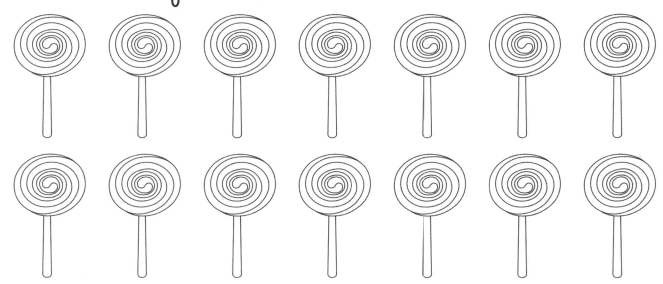

5 ▸ Conte e circule 1 dúzia de rosquinhas.

6 ▸ Complete a sequência com os números que faltam.

1 _____ _____ 4 _____ 6 _____

8 _____ _____ 11 _____

NOME: _____ DATA: _____

TREZE

1 ▸ Desenhe 13 anéis.

2 ▸ Observe o número 13, cubra o tracejado dele e continue escrevendo-o na linha.

3 ▸ Conte e circule 13 coroas.

181

6 = meia dúzia
Seis elementos são iguais a meia dúzia.

4 ▸ Circule meia dúzia de rocas de fiar.

5 ▸ Ligue os números aos quadros correspondentes.

12   6

meia dúzia   uma dúzia

6 ▸ Complete a sequência com os números que faltam.

1 ___ ___ ___   5 ___ ___ ___

9 ___ ___   12 ___

NOME: _____ DATA: _____

CATORZE 14

1▸ Desenhe 14 corações.

2▸ Observe o número 14, cubra o tracejado dele e continue escrevendo-o na linha.

3▸ Conte e circule 14 espantalhos.

183

4 ▸ Conte os elementos e escreva o número que corresponde a cada conjunto.

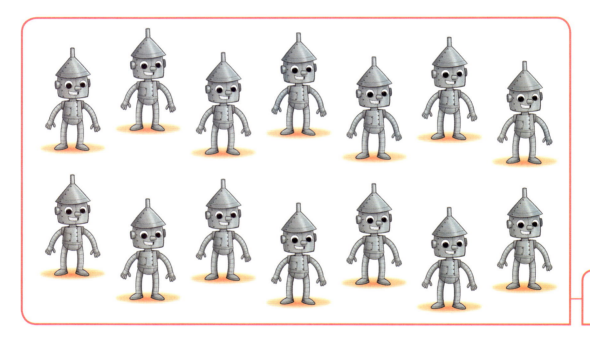

5 ▸ Continue numerando as pedras até 14.

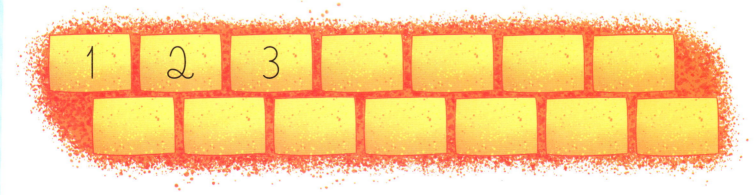

NOME: _____ DATA: _____

QUINZE 15

1) Desenhe 15 flores.

2) Observe o número 15, cubra o tracejado dele e continue escrevendo-o na linha.

3) Pinte 15 pedrinhas do colar.

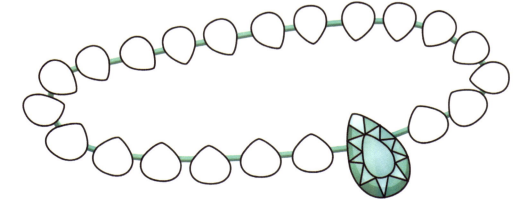

4 ▸ Conte e circule a quantidade indicada.

5 ▸ Escreva os números de 1 a 15.

_____

_____

_____

NOME: _____ DATA: _____

DEZESSEIS 16

1) Desenhe 16 maçãs.

2) Observe o número 16, cubra o tracejado dele e continue escrevendo-o na linha.

 _____

3) Conte e circule 16 borboletas.

4 ▸ Escreva os números vizinhos.

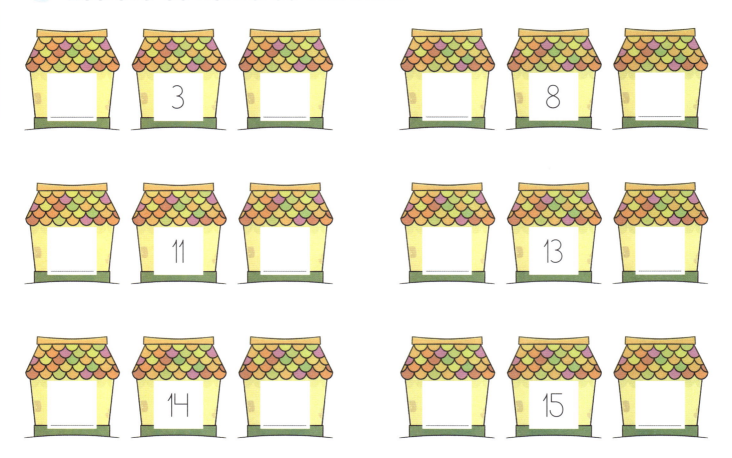

5 ▸ Conte e pinte 16 bolos.

NOME: _____ DATA: _____

DEZESSETE 17

1 ▸ Desenhe 17 pratinhos.

2 ▸ Observe o número 17, cubra o tracejado dele e continue escrevendo-o na linha.

3 ▸ Conte e circule 17 lacinhos.

4 ▸ Conte os elementos e escreva o número correspondente a cada conjunto.

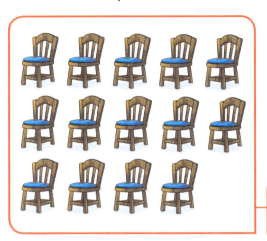
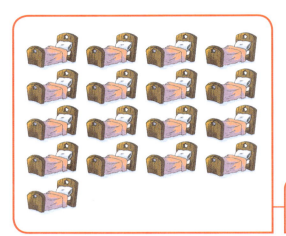

5 ▸ Complete cada sequência com o número que falta.

8 ____ 10   15 ____ 17

9 ____ 11   10 ____ 12

11 ____ 13   13 ____ 15

6 ▸ Desenhe um conjunto com **17** elementos.

NOME: _____ DATA: _____

DEZOITO

1 ▸ Desenhe 18 ovos.

2 ▸ Observe o número 18, cubra o tracejado dele e continue escrevendo-o na linha.

3 ▸ Pinte 18 feijões.

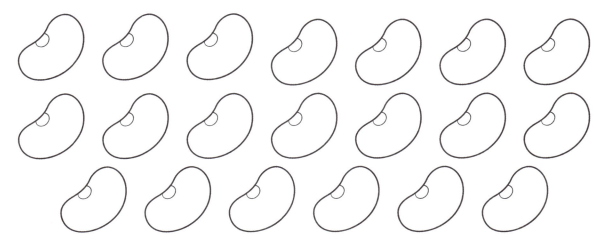

4 ▸ Conte os elementos e escreva o número correspondente a cada conjunto.

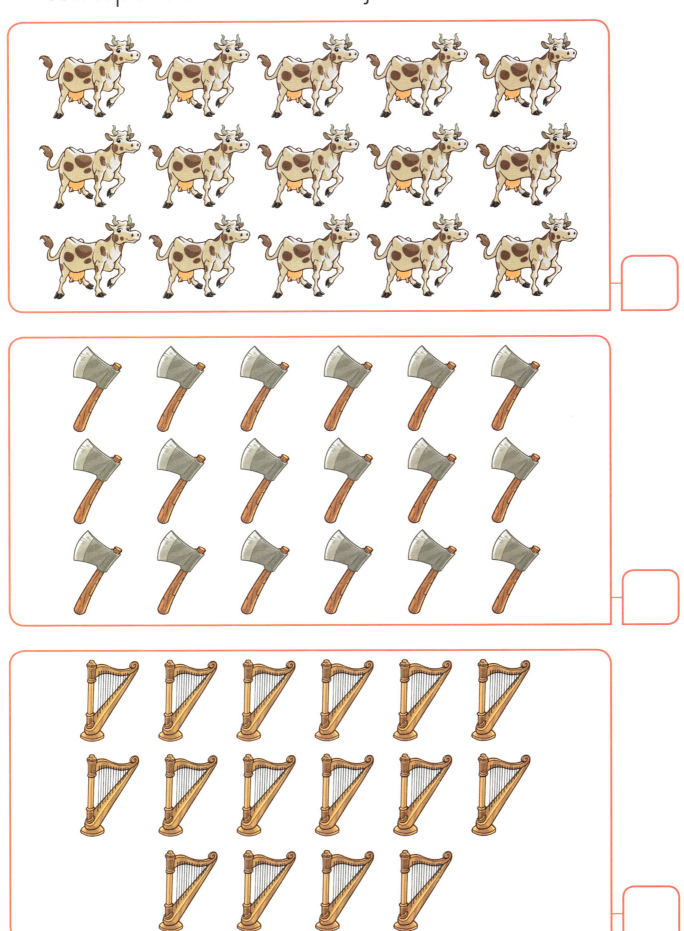

NOME: _____ DATA: _____

Atividades

DEZENOVE

1) Desenhe 19 velas.

2) Observe o número 19, cubra o tracejado dele e continue escrevendo-o na linha.

3) Conte e circule 19 xícaras.

4 ▸ Conte e pinte **19** pufes.

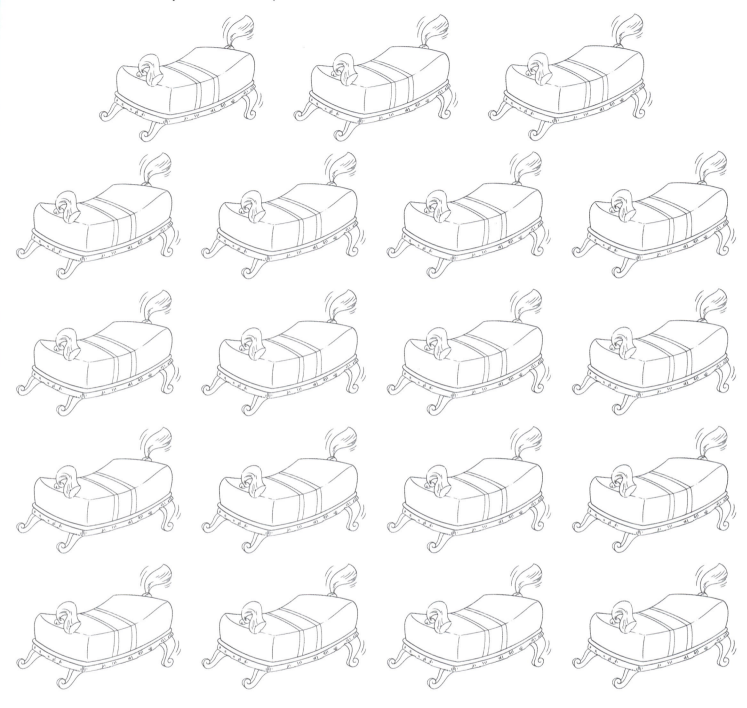

5 ▸ Complete a sequência com os números que faltam.

0 _____ 2 _____ _____ 6 7

8 9 _____ _____ 12 _____ 14 15

_____ _____ 18 _____

NOME: _____ DATA: _____

Atividades

VINTE 20

1 ▸ Desenhe 20 moedas.

2 ▸ Observe o número 20, cubra o tracejado dele e continue escrevendo-o na linha.

3 ▸ Conte e circule 20 turbantes.

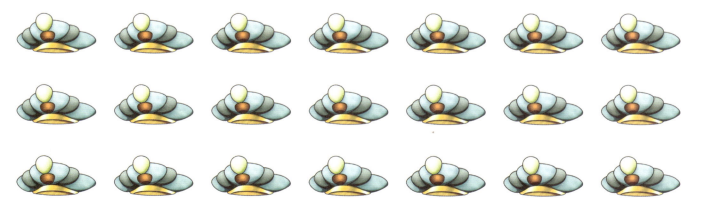

4 ▸ Conte as pedras preciosas e escreva o número que corresponde a cada conjunto.

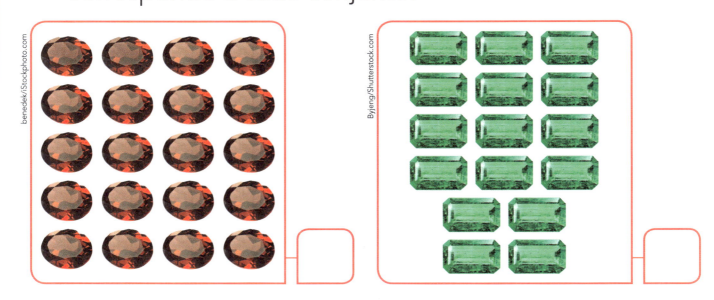

5 ▸ Complete a trilha.

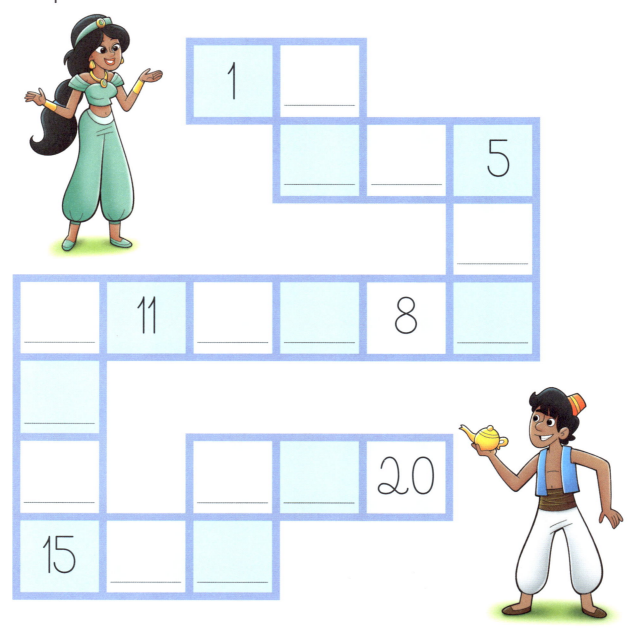

NOME: _____ DATA: _____

Nosso planeta

Este é o planeta em que vivemos: a Terra.

1. Pinte o planeta Terra bem bonito.

197

NOME: _____ DATA: _____

Seres vivos

Seres vivos são aqueles que têm vida: nascem, crescem, podem se reproduzir e morrem. São os animais e os vegetais. O ser humano é um animal racional.

1 ▸ Faça um **X** nos seres vivos.

NOME: _____ DATA: _____

Os astros

1. Escreva o nome dos astros nos lugares corretos e pinte-os de acordo com a legenda.

2 Pinte de acordo com a legenda o período do dia em que você faz cada atividade.

 Manhã    Tarde    Noite

Durmo.

○ ○ ○

Tomo banho.

○ ○ ○

Vou à escola.

○ ○ ○

Faço as refeições com a família.

○ ○ ○

Brinco.

○ ○ ○

Faço as atividades escolares.

○ ○ ○

NOME: _____ DATA: _____

Os animais

Os animais são seres vivos. Eles nascem, alimentam-se, crescem, podem se reproduzir e morrem.

1. Observe como os animais são diferentes. Ligue cada animal a sua sombra.

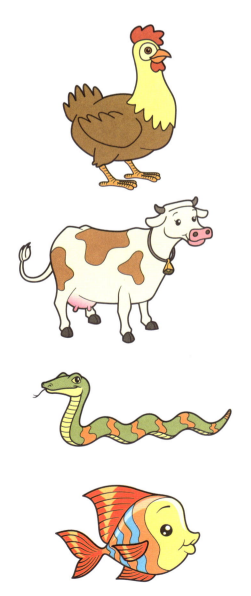

NOME: _____ DATA: _____

Cobertura do corpo dos animais

1. Circule os animais de acordo com a legenda.

 Corpo coberto de pelos

 Corpo coberto de penas

 Corpo coberto de escamas

NOME: _____ DATA: _____

Animais com boca e animais com bico

1. Numere os animais de acordo com a legenda.

    1. Animais que têm boca.

    2. Animais que têm bico.

NOME: _____ DATA: _____

Locomoção dos animais

1 Ligue cada animal a sua forma de locomoção.

- Anda.

- Nada.

- Voa.

- Rasteja.

- Pula.

NOME: _____ DATA: _____

Animais domesticados

São aqueles que podem conviver com o ser humano.

1) Pinte os quadrinhos dos animais domesticados que você conhece. Depois, circule o animal que você tem ou gostaria de ter.

NOME: _____ DATA: _____

Animais silvestres

São animais que vivem livremente na natureza, em florestas, mares e rios.

1 ▶ Faça um **X** nos animais silvestres e um **X** nos animais domesticados.

206

NOME: _____ DATA: _____

Alimentos de origem animal

Alguns animais podem fornecer alimentos para o ser humano.

1▸ Pinte o △ de acordo com a origem de cada alimento.

2 ▸ Ligue o leite a seus produtos derivados.

NOME: _____ DATA: _____

As plantas

As plantas são seres vivos. Elas nascem, crescem, podem se reproduzir e morrem.

1) Numere as fases de desenvolvimento de germinação da planta.

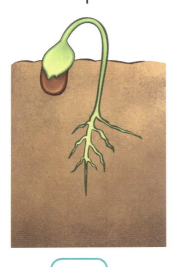

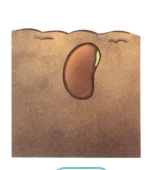

209

Para se desenvolver, as plantas precisam de terra, água, Sol e ar.

2 Complete a cena com o que falta para a planta se desenvolver.

NOME: _____ DATA: _____

Partes da planta

Geralmente, as plantas são compostas de cinco partes: raiz, caule, folha, flor e frutos.

1 ▸ Escreva o nome de cada parte da planta.

NOME: _____ DATA: _____

Pomar

No pomar são cultivadas frutas que nos servem de alimento.

 Atividade

1 ▸ Pinte o nome das frutas de que você gosta.

maçã   banana   manga   laranja

kiwi   abacaxi   goiaba   morango

melancia   mamão   uva   caqui

NOME: _____ DATA: _____

Jardim

No jardim, são cultivadas belas flores e plantas decorativas.

1 ▸ Circule as flores ou plantas decorativas que você conhece.

NOME: _____ DATA: _____

Horta

Na horta são cultivados legumes, verduras e plantas medicinais.

1▸ Pinte o quadrinho de legumes e verduras que você consome com mais frequência.

NOME: _____ DATA: _____

Plantas que fornecem matéria-prima

O algodão é extraído de uma planta, o algodoeiro. Muitos produtos são feitos dessa matéria-prima.

1 Ligue o algodão aos produtos derivados dele.

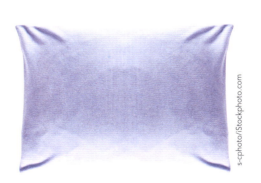

215

2 ▸ Pinte o ☐ referente à parte da árvore da qual é extraída a matéria-prima do papel.

Folhas

Caule

Raiz

NOME: _____ DATA: _____

Nosso corpo

1 ▸ Escreva o nome das partes do corpo nos lugares adequados.

cabeça   tronco   membros

2 Pinte os quadrinhos de acordo com a legenda.

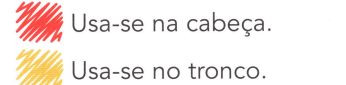 Usa-se na cabeça.   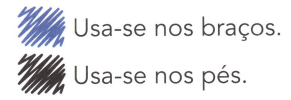 Usa-se nos braços.

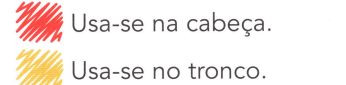 Usa-se no tronco.   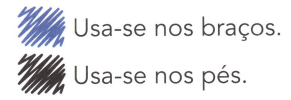 Usa-se nos pés.

NOME: _____ DATA: _____

Os sentidos

1. Circule a imagem que representa o que podemos perceber por meio de cada órgão.

   a) Por meio do olfato, com o nariz, sentimos o perfume das coisas.

    olfato

   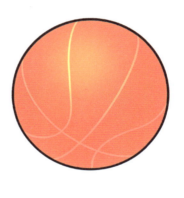

   b) Por meio da audição, com as orelhas, ouvimos os sons do ambiente.

   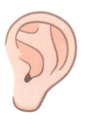 audição

c) Por meio da visão, com os olhos, enxergamos tudo ao nosso redor. visão

d) Por meio da gustação, com a língua, que fica na boca, sentimos o sabor dos alimentos.  gustação

e) Por meio do tato, com a pele, sentimos se as coisas são ásperas ou macias, duras ou moles, secas ou molhadas, quentes ou frias.  tato

NOME: _____ DATA: _____

Bons hábitos de saúde e higiene

1 ▸ Ligue cada objeto ao hábito de higiene correspondente a ele.

• Escovar os dentes.

• Pentear os cabelos.

• Tomar banho.

• Cortar as unhas.

NOME: _____ DATA: _____

Cuidando do meio ambiente

Um ambiente limpo e organizado faz bem à saúde.

1. Observe a cena e marque com um **X** três atitudes que prejudicam o meio ambiente.

NOME: _____ DATA: _____

A água

A água é um recurso natural muito importante para os seres vivos.

Atividade

1) Recorte de jornais e revistas imagens que representam os usos da água, de acordo com o indicado. Depois, cole-as nos quadros corretos.

Consumo humano.

Higiene pessoal.

Cuidado com as plantas.

Limpeza do ambiente.

Cuidado com os animais.

Transporte.

NOME: _____ DATA: _____

Quem é você?

1. Circule a criança que mais se parece com você.

2. Pinte as letras de seu nome e escreva-o a seguir.

A B C D E F G H I
J K L M N O P Q R
S T U V W X Y Z

NOME: _____ DATA: _____

Pessoas de quem você gosta

1) Desenhe e escreva o nome de:

- dois vizinhos e amigos;

- dois amigos da escola;

- seu professor.

NOME: _____ DATA: _____

Você e sua família

1 ▸ Desenhe em cima do bolo a quantidade de velas que indica sua idade.

2 ▸ Recorte os personagens da página 229 e cole-os aqui para representar sua família. Depois, escreva o nome de cada um deles.

NOME: _____ DATA: _____

3 ▸ Recorte os personagens que representam sua família (as pessoas que moram com você) e cole-os na página 227.

NOME: _____ DATA: _____

Moradia

1 ▸ Leve cada personagem até sua moradia. Use um lápis de cor diferente para cada um.

NOME: _____ DATA: _____

Planta de uma moradia

1. Observe a planta, identifique os cômodos da casa e pinte os quadrinhos de acordo com a legenda.

quarto   sala   banheiro   cozinha

NOME: _____   DATA: _____

Cômodos e objetos

1 ▸ Ligue os objetos ao cômodo da moradia em que costumam ficar.

• sala

• cozinha

• quarto

• banheiro

NOME: _____ DATA: _____

A rua em que você mora

1 ▸ A sua casa fica em uma rua. Escreva o nome da rua em que você mora e o número de sua casa.

2 ▸ Faça um passeio pela sua rua. Observe-a bem e marque um **X** no que há nela.

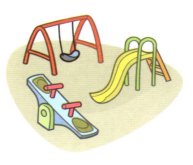
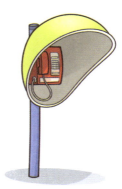

NOME: _____ DATA: _____

Como é o bairro em que você mora?

1) Observe as imagens e circule as respostas de acordo com o que há em seu bairro.

- Em seu bairro há:

ladeiras?

a) Muitas.
b) Poucas.
c) Nenhuma.

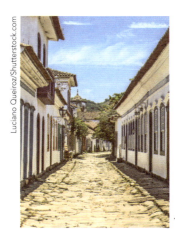

ruas planas?

a) Muitas.
b) Poucas.
c) Nenhuma.

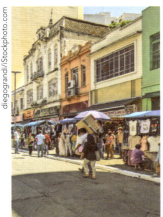

lojas?

a) Muitas.
b) Poucas.
c) Nenhuma.

indústrias?

a) Muitas.
b) Poucas.
c) Nenhuma.

moradias?

a) Muitas.
b) Poucas.
c) Nenhuma.

NOME: _____ DATA: _____

Sua escola

1 ▸ Escreva o nome de sua escola no quadro abaixo.

┌───┐
│   │
│   │
└───┘

2 ▸ Circule as atividades de que você mais gosta de participar na escola.

NOME: _____ DATA: _____

Algumas profissões

1) Está na hora de a professora Ana contar histórias. Leve Pedro até o local correto.

237

2 ▸ Desenhe o que você quer ser quando for adulto.

3 ▸ Desenhe a profissão de seu pai, de sua mãe ou da pessoa que cuida de você.

NOME: _____ DATA: _____

Meios de comunicação

1▸ Observe as cenas e circule as que apresentam o uso de meios de comunicação.

NOME: _____ DATA: _____

Meios de transporte

1 ▸ Você sabia que o ser humano já foi à Lua? Qual meio de transporte será que ele usou? Pinte-o.

2 ▸ Desenhe o meio de transporte que você mais utiliza.